Das Geheimnis hinter ChatGPT

Wie die KI arbeitet und warum sie funktioniert

Stephen Wolfram

Übersetzung aus dem Englischen von Kathrin Lichtenberg

Bibliografische Information der Deutschen Nationalbibliothek
Die Deutsche Nationalbibliothek verzeichnet diese Publikation in der Deutschen Nationalbibliografie; detaillierte bibliografische Daten sind im Internet über <http://dnb.d-nb.de> abrufbar.

Bei der Herstellung des Werkes haben wir uns zukunftsbewusst für umweltverträgliche und wiederverwertbare Materialien entschieden. Der Inhalt ist auf elementar chlorfreiem Papier gedruckt.

ISBN 978-3-7475-0745-2
1. Auflage 2023

www.mitp.de
E-Mail: mitp-verlag@sigloch.de
Telefon: +49 7953 / 7189 - 079
Telefax: +49 7953 / 7189 - 082

eco zoom
natureOffice.com/DE-077-529981
CO2e-emissions compensated

Lektorat: Janina Bahlmann
Sprachkorrektorat: Jürgen Benvenuti
Satz: III-satz, Kiel, www.drei-satz.de
Druck: Plump Druck & Medien GmbH, Rheinbreitbach

Inhalt

Vorwort

Dieses Buch stellt den Versuch dar, prinzipiell zu erklären, wie und warum ChatGPT funktioniert. In gewisser Weise ist es eine Geschichte über Technik. Andererseits ist es aber auch eine Geschichte über Wissenschaft sowie über Philosophie. Und um diese Geschichte zu erzählen, müssen wir ein bemerkenswertes Spektrum an Ideen und Entdeckungen zusammenbringen, die im Laufe vieler Jahrhunderte gemacht wurden.

Für mich ist es aufregend, dass so viele Dinge, für die ich mich so lange schon interessiert habe, auf einmal zusammentreffen. Vom komplexen Verhalten einfacher Programme bis zum tieferen Wesen von Sprache und Wortbedeutung und dem praktischen Nutzen großer Computersysteme – all dies ist Teil der Geschichte über ChatGPT.

ChatGPT beruht auf dem Konzept der neuronalen Netze – diese wurden in den 1940er-Jahren als eine Idealisierung der Funktionsweise von Gehirnen erfunden. Ich selbst habe 1983 zum ersten Mal ein neuronales Netz programmiert – und das hat nichts Interessantes gemacht. Vierzig Jahre später jedoch, mit Computern, die Millionen Mal schneller sind, mit Milliarden von Seiten an Text im Web und nach einer ganzen Reihe von technischen Innovationen, stellt sich die Situation ganz anders dar. Und zu jedermanns Überraschung ist ein neuronales Netz, das eine Milliarde Mal größer ist als das, was ich 1983 hatte, in der Lage, das zu tun, was man bisher für eine einzigartig menschliche Fähigkeit hielt, nämlich, sinnvolle menschliche Sprache zu generieren.

Dieses Buch besteht aus zwei Teilen, die ich kurz nach dem Erscheinen von ChatGPT geschrieben habe. Der erste Teil ist eine Erklärung von ChatGPT und seiner Fähigkeit, diese sehr menschliche Aufgabe des Generierens von Sprache durchzuführen. Der zweite Teil betrachtet die Möglichkeit, dass ChatGPT künftig Computerwerkzeuge einsetzen könnte, um weit über das hinauszugehen, was Menschen tun können. Insbesondere geht es um seine potenzielle Fähigkeit, die »Superkräfte« unseres Wolfram|Alpha-Systems zu benutzen.

Zum Zeitpunkt der Entstehung des (englischen) Manuskripts sind erst drei Monate seit dem Start von ChatGPT vergangen, und wir fangen gerade erst an, seine – sowohl praktischen als auch intellektuellen – Implikationen zu verstehen. Für den Augenblick ist seine Ankunft zumindest eine Erinnerung daran, dass auch nach allem, was bisher erfunden und entdeckt worden ist, Überraschungen immer noch möglich sind.

Stephen Wolfram
Februar 2023

Website zum Buch

Unter `https://wolfr.am/SW-ChatGPT` sowie unter `https://wolfr.am/ChatGPT-WA` können Sie die Bilder aus diesem Buch anklicken, um den zugrunde liegenden Code anzuzeigen.

TEIL I

Wie ChatGPT arbeitet und warum es funktioniert

1

Es fügt nur immer wieder ein Wort hinzu

Dass ChatGPT automatisch etwas generieren kann, das sich, wenn auch nur oberflächlich betrachtet, wie ein von Menschen geschriebener Text liest, ist bemerkenswert und unerwartet. Aber wie macht es das? Und wieso funktioniert es? Ich möchte Ihnen hier einen groben Überblick darüber verschaffen, was in ChatGPT passiert – und dann untersuchen, warum es so gut darin ist, etwas herzustellen, was man für sinnvollen Text halten könnte. Seien Sie sich bewusst, dass für mich die Betonung hier auf dem Wort »Überblick« liegt – und auch wenn ich einige technische Details erwähne, werde ich nicht allzu detailliert darauf eingehen. (Und im Wesentlichen gilt das, was ich schreibe, nicht nur für ChatGPT, sondern auch für andere aktuelle »Large Language Models« [LLMs].)

Zunächst muss man verstehen, dass ChatGPT im Prinzip immer versucht, eine »vernünftige Fortsetzung« desjenigen Textes zu erzeugen, den es bisher vorliegen hat. Dabei bedeutet »vernünftig«, »was man von jemandem erwarten würde, nachdem man gesehen hat, was Menschen auf Milliarden von Webseiten usw. geschrieben haben«.

Nehmen Sie also einmal an, Sie haben den Text »The best thing about AI is its ability to«. Stellen Sie sich vor, Sie überfliegen Milliarden von Seiten mit von Menschen geschriebenem Text (zum Beispiel im Web und in digitalisierten Büchern) und finden alle Vorkommen dieses Textes – und sehen dann, welches Wort in welchem Zeitabstand als Nächstes kommt. ChatGPT macht prinzipiell genau das, allerdings (wie ich bald erklären werde) betrachtet es den Text nicht wortwörtlich. Stattdessen sucht es nach Dingen, die in einem gewissen Sinn »in ihrer Bedeutung passen«. Letztendlich erzeugt es eine Rangliste von Wörtern, die folgen könnten, zusammen mit ihren »Wahrscheinlichkeiten«:

The best thing about AI is its ability to		
	learn	4.5%
	predict	3.5%
	make	3.2%
	understand	3.1%
	do	2.9%

Das Bemerkenswerte ist, dass ChatGPT, wenn es zum Beispiel einen Essay schreibt, im Prinzip immer und immer wieder fragt: »Wie sollte angesichts des Textes, den ich bisher habe, das nächste Wort lauten?« – und immer wieder ein Wort hinzufügt. (Genauer gesagt fügt es, wie ich gleich erklären werde, ein »Token« hinzu, bei dem es sich auch um einen Teil eines Wortes handeln könnte, weshalb es manchmal »neue Wörter erfindet«.)

Bei jedem Schritt erhält es also eine Wortliste mit Wahrscheinlichkeiten. Welches Wort soll es nun auswählen, um es an den Essay (oder Ähnliches) anzuhängen, den es schreibt? Man könnte annehmen, dass es das Wort mit dem »höchsten Rang« nimmt (d.h. dasjenige, dem die größte Wahrscheinlichkeit zugewiesen wurde). Dies ist allerdings die Stelle, an der ein bisschen gezaubert wird. Denn aus irgendeinem Grund – und man kann sich das vielleicht eines Tages sogar wissenschaftlich erklären – erhält man einen ziemlich »flachen« Essay, der niemals »irgendeine Kreativität zu zeigen« scheint (und sich manchmal sogar Wort für Wort wiederholt), wenn man immer das am höchsten eingestufte Wort wählt. Nimmt man dagegen manchmal (ganz zufällig ausgewählte) Wörter mit niedrigerem Rang, erhält man einen »interessanteren« Essay.

Die Tatsache, dass hier eine gewisse Zufälligkeit im Spiel ist, bedeutet, dass Sie wahrscheinlich jedes Mal einen anderen Essay bekommen, selbst wenn Sie mehrmals dasselbe Ausgangsmaterial einsetzen. Und, um bei der Vorstellung von der Zauberei zu bleiben, es gibt einen speziellen sogenannten »Temperatur«-Parameter, der bestimmt, wie oft Wörter mit niedrigerem Rang benutzt werden. Für die Erstellung von Essays scheint ein »Temperatur«-Wert von 0,8 sich am besten zu eignen. (Ich betone es noch einmal, dass dem Ganzen hier keine »Theorie« zugrunde liegt, sondern dies einfach auf der Erfahrung beruht, was in der Praxis am besten funktioniert. Das Konzept der »Temperatur« gibt es zum Beispiel deshalb, weil Exponentialverteilungen benutzt werden, die uns aus der statistischen Physik[1] vertraut sind, auch wenn es keine »physikalische« Verbindung gibt – zumindest soweit wir das wissen.)

Bevor wir weitermachen, sollte ich noch erklären, dass ich zu Darstellungszwecken meist nicht das komplette System in ChatGPT nutze. Stattdessen arbeite ich normalerweise mit einem einfacheren GPT-2-System, das die schöne Eigenschaft besitzt, klein genug zu sein, um auf einem einfachen Desktop-Computer zu laufen. Und so kann ich im Prinzip für alles, was ich Ihnen zeige, auch den expliziten Code in der Wolfram Language[2] angeben, den Sie dann selbst auf Ihrem Computer ausprobieren können.

So kommen Sie zum Beispiel zu der oben gezeigten Tabelle der Wahrscheinlichkeiten. Zuerst müssen wir das dem »Sprachmodell« zugrunde liegende neuronale Netz[3] beziehen:

```
In[ ]:= model = NetModel[{"GPT2 Transformer Trained on WebText Data",
            "Task" → "LanguageModeling"}]

Out[ ]= NetChain[ Input port:  string
                  Output port: class ]
```

Später werden wir einen Blick in dieses neuronale Netz werfen und diskutieren, wie es funktioniert. Für den Augenblick wenden wir dieses »Netzmodell« einfach als eine Art Black Box auf unseren bisher erstellten Text an und fragen nach den fünf Wörtern mit der höchsten Wahrscheinlichkeit, die das Modell vorhersagt:

```
In[ ]:= model["The best thing about AI is its ability to", {"TopProbabilities", 5}]

Out[ ]= {do → 0.0288508, understand → 0.0307805,
         make → 0.0319072, predict → 0.0349748, learn → 0.0445305}
```

1 https://writings.stephenwolfram.com/2023/02/computational-foundations-for-the-second-law-of-thermodynamics/#textbook-thermodynamics
2 https://www.wolfram.com/language/
3 https://resources.wolframcloud.com/NeuralNetRepository

Nun wird das Ergebnis in einen explizit formatierten »Datensatz«[4] umgewandelt:

```
In[◦]:= Dataset[ReverseSort[Association[%]],
          ItemDisplayFunction → (PercentForm[#, 2] &)]
```

Out[◦]=

learn	4.5%
predict	3.5%
make	3.2%
understand	3.1%
do	2.9%

Folgendes passiert, wenn man wiederholt »das Modell anwendet« – und bei jedem Schritt das Wort hinzufügt, das die höchste Wahrscheinlichkeit hat (angegeben in diesem Code als die »Decision«, also die Entscheidung des Modells):

```
In[◦]:= NestList[StringJoin[#, model[#, "Decision"]] &,
          "The best thing about AI is its ability to", 7]

Out[◦]= {The best thing about AI is its ability to,
          The best thing about AI is its ability to learn,
          The best thing about AI is its ability to learn from,
          The best thing about AI is its ability to learn from experience,
          The best thing about AI is its ability to learn from experience.,
          The best thing about AI is its ability to learn from experience. It,
          The best thing about AI is its ability to learn from experience. It's,
          The best thing about AI is its ability to learn from experience. It's not}
```

4 https://www.wolfram.com/language/elementary-introduction/2nd-ed/45-datasets.html

Was passiert, wenn das so weitergeht? In diesem Fall (»Temperatur Null«) wird das Ergebnis schnell ziemlich wirr und beginnt, sich zu wiederholen:

```
The best thing about AI is its ability to learn from experience.
It's not just a matter of learning from experience, it's learning
from the world around you. The AI is a very good example of this.
It's a very goodexample of how to use AI to improve your life. It's
a very good example of how to use AI to improve your life. The AI
is a very good example of howto use AI to improve your life. It's a
very good example of how to use AI to
```

Was ist, wenn man nicht immer das »oberste« Wort nimmt, sondern manchmal zufällig Wörter wählt, die »nicht ganz oben« stehen (wobei die »Zufälligkeit« der »Temperatur« von 0,8 entspricht)? Auch hier kann man wieder einen Text aufbauen:

```
{ The best thing about AI is its ability to,
The best thing about AI is its ability to create,
The best thing about AI is its ability to create worlds,
The best thing about AI is its ability to create worlds that,
The best thing about AI is its ability to create worlds that are,
The best thing about AI is its ability to create worlds that are both,
The best thing about AI is its ability to create worlds that are both exciting,
The best thing about AI is its ability to create worlds that are both exciting, }
```

Jedes Mal, wenn man das macht, werden andere Zufallsentscheidungen getroffen, sodass der Text anders ausfällt – wie diese fünf Beispiele beweisen:

```
The best thing about AI is its ability to learn. I've always liked the
The best thing about AI is its ability to really come into your world and just
The best thing about AI is its ability to examine human behavior and the way it
The best thing about AI is its ability to do a great job of teaching us
The best thing about AI is its ability to create real tasks, but you can
```

Beachten Sie, dass selbst im ersten Schritt bereits eine Menge möglicher »nächster Wörter« zur Auswahl stehen (bei einer Temperatur von 0,8), auch wenn ihre Wahrscheinlichkeiten sehr schnell ziemlich stark abfallen (und ja, die gerade Linie in dieser doppelt logarithmischen Darstellung entspricht einem Potenzabfall von n^{-1}, der typisch ist für die allgemeine Statistik von Sprachen[5]):

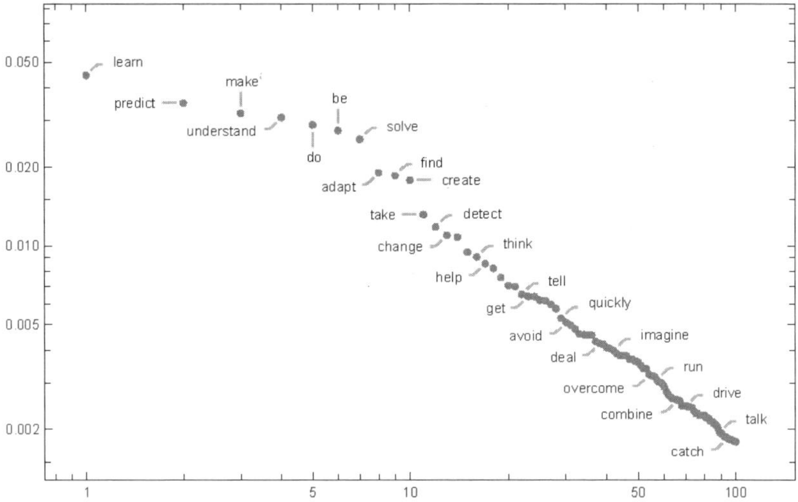

Was passiert, wenn das noch weitergeht? Hier ist ein zufälliges Beispiel. Es ist besser als das Ergebnis mit dem obersten Wort (Temperatur Null), aber bleibt dennoch im besten Fall ziemlich seltsam:

```
The best thing about AI is its ability to see through, and make
sense of, the world around us, rather than panicking and ignoring.
This is known as AI "doing its job" or AI "run-of-the-mill."
Indeed, taking an infinite number of steps, developing a machine
that can be integrated with other systems, or controlling one system
that's truly a machine, is one of the most fundamental processes of AI.
Aside from the human-machine interaction, AI was also a big part of
creativity
```

(Das Beste an der KI ist ihre Fähigkeit, die Welt um uns herum zu durchschauen und ihren Sinn zu verstehen, anstatt in Panik zu verfallen und sie zu ignorieren. Das bezeichnet man als KI, »die ihren Job erledigt« oder

5 https://www.wolframscience.com/nks/notes-8-8--zipfs-law/

»Wald-und-Wiesen-KI«. Tatsächlich ist es einer der grundlegendsten Prozesse der KI, eine unendliche Anzahl an Schritten zu durchlaufen und eine Maschine zu entwickeln, die in andere Systeme integriert werden kann, oder ein System zu kontrollieren, das wirklich eine Maschine ist. Abgesehen von der Mensch-Maschine-Interaktion war die KI auch ein großer Teil der Kreativität.)

Dies wurde mit dem einfachsten GPT-2-Modell[6] (von 2019) erzeugt. Die neueren und größeren GPT-3-Modelle liefern bessere Ergebnisse. Hier ist der Text, der mit dem jeweils obersten Wort (Temperatur Null) und derselben Ausgangsphrase erzeugt wird, allerdings mit dem größten GPT-3-Modell[7]:

```
The best thing about AI is its ability to automate processes and
make decisions quickly and accurately. AI can be used to automate
mundane tasks, such as data entry, and can also be used to make
complex decisions, such as predicting customer behavior or analyzing
large datasets. AI can also be used to improve customer service, as
it can quickly and accurately respond to customer inquiries. AI can
also be used to improve the accuracy of medical diagnoses and to
automate the process of drug discovery.
```

(Das Beste an der KI ist ihre Fähigkeit, Prozesse zu automatisieren und schnell und präzise Entscheidungen zu treffen. KI kann verwendet werden, um banale Aufgaben zu automatisieren, wie etwa die Dateneingabe, und sie kann auch benutzt werden, um komplexe Entscheidungen zu treffen, wie das Vorhersagen des Kundenverhaltens oder das Analysieren großer Datenmengen. KI kann auch verwendet werden, um den Kundendienst zu verbessern, da sie schnell und akkurat auf Kundenanfragen reagieren kann. KI kann auch benutzt werden, um die Genauigkeit medizinischer Diagnosen zu verbessern und den Prozess der Entdeckung von Medikamenten zu automatisieren.)

6 https://resources.wolframcloud.com/NeuralNetRepository/resources/GPT2-Transformer-Trained-on-WebText-Data/

7 https://platform.openai.com/docs/model-index-for-researchers

Und nun ein zufälliges Beispiel mit »Temperatur 0,8«:

```
The best thing about AI is its ability to learn and develop over
time, allowing it to continually improve its performance and be more
efficient at tasks. AI can also be used to automate mundane tasks,
allowing humans to focus on more important tasks. AI can also be
used to make decisions and provide insights that would otherwise
be impossible for humans to figure out.
```

(Das Beste an der KI ist ihre Fähigkeit, im Laufe der Zeit zu lernen und sich zu entwickeln, wodurch es ihr erlaubt wird, ihre Leistung kontinuierlich zu verbessern und effizienter bei ihren Aufgaben zu sein. KI kann auch benutzt werden, um banale Aufgaben zu automatisieren, was es Menschen erlaubt, sich auf wichtigere Aufgaben zu konzentrieren. KI kann auch verwendet werden, um Entscheidungen zu treffen und Einsichten zu liefern, die Menschen andernfalls unmöglich bekommen könnten.)

2

Woher kommen die Wahrscheinlichkeiten?

ChatGPT wählt also das nächste Wort immer auf der Grundlage der Wahrscheinlichkeiten aus. Doch woher stammen diese Wahrscheinlichkeiten? Beginnen wir mit einem einfacheren Problem. Versuchen Sie doch einfach einmal, einen englischen Text buchstabenweise (statt wortweise) zu generieren. Wie können Sie die Wahrscheinlichkeit für die einzelnen Buchstaben ermitteln?

Ein sehr minimaler Ansatz wäre es, wenn Sie einfach eine Textprobe für einen englischen Text nehmen und berechnen, wie oft die verschiedenen Buchstaben darin vorkommen. Dieser Code zählt zum Beispiel die Buchstaben im Wikipedia-Artikel[1] zu »cats«:

```
In[ ]:= LetterCounts[WikipediaData["cats"]]

Out[ ]= <| e → 4279, a → 3442, t → 3397, i → 2739, s → 2615, n → 2464, o → 2426,
        r → 2147, h → 1613, l → 1552, c → 1405, d → 1331, m → 989, u → 916,
        f → 760, g → 745, p → 651, y → 591, b → 511, w → 509, v → 395, k → 212,
        T → 114, x → 85, A → 81, C → 81, I → 68, S → 55, F → 42, z → 38, E → 36
```

Und hier wird das Ganze noch einmal für »dogs« durchgeführt:

```
In[ ]:= LetterCounts[WikipediaData["dogs"]]

Out[ ]= <| e → 3911, a → 2741, o → 2608, i → 2562, t → 2528, s → 2406,
        n → 2340, r → 1866, d → 1584, h → 1463, l → 1355, c → 1083, g → 929,
        m → 859, u → 782, f → 662, p → 636, y → 500, b → 462, w → 409,
        v → 406, k → 151, T → 90, C → 85, I → 80, A → 74, x → 71, S → 65
```

1 https://www.wolfram.com/language/elementary-introduction/2nd-ed/34-associations.html#i-8

Die Ergebnisse sind ähnlich, aber nicht gleich (so kommt vermutlich das »o« im Artikel »dogs« viel häufiger vor als in »cats«, weil es schließlich im Wort »dogs« selbst enthalten ist). Doch wenn wir eine ausreichend große Probe englischer Texte verwenden, können wir irgendwann zu einigermaßen konsistenten Ergebnissen gelangen:

In[ ]:= English LANGUAGE [character frequencies]

Out[ ]= {e → 12.7%, t → 9.06%, a → 8.17%, o → 7.51%, i → 6.97%, n → 6.75%, s → 6.33%, h → 6.09%, r → 5.99%, d → 4.25%, l → 4.03%, c → 2.78%, u → 2.76%, m → 2.41%, w → 2.36%, f → 2.23%, g → 2.02%, y → 1.97%, p → 1.93%, b → 1.49%, v → 0.978%, k → 0.772%, j → 0.153%, x → 0.150%, q → 0.0950%, z → 0.0740%}

So sieht es aus, wenn Sie mithilfe dieser Wahrscheinlichkeiten einfach nur eine Abfolge von Buchstaben generieren:

```
rronoitadatcaeaesaotdoysaroiyiinnbantoioestlhddeocneooewceseciselnodrtrdgri\
scsatsepesdcniouhoetsedeyhedslernevstothindtbmnaohngotannbthrdthtonsipieldn
```

Diese Abfolge können Sie in Wörter zerlegen, indem Sie Leerzeichen hinzufügen, die Sie einfach als Buchstaben mit einer bestimmten Wahrscheinlichkeit behandeln:

```
sd n oeiaim satnwhoo eer rtr ofiianordrenapwokomdel oaas ill e h f
rellptohltvoettseodtrncilntehtotrkthrslo hdaol n sriaefr hthehtn l
d gpod a h y oi
```

Ein bisschen besser wird das Ganze, wenn Sie die Verteilung von »Wortlängen« so erzwingen, wie sie im Englischen auftritt:

```
ni hilwhuei kjtn isjd erogofnr n rwhwfao rcuw lis fahte uss cpnc nlu
oe nusaetat llfo oeme rrhrtn xdses ohm oa tne ebedcon oarvthv ist
```

Sie erhalten hier keine »wirklichen Wörter«, aber die Ergebnisse sehen etwas besser aus. Um jedoch noch ein bisschen weiter zu kommen, müssen Sie mehr machen, als nur zufällig jeden Buchstaben getrennt herauszupicken. Abgesehen davon wissen Sie zum Beispiel, dass nach einem »q« fast zwangsläufig ein »u« folgen muss.

Betrachten Sie dieses Diagramm der Wahrscheinlichkeiten für die einzelnen Buchstaben:

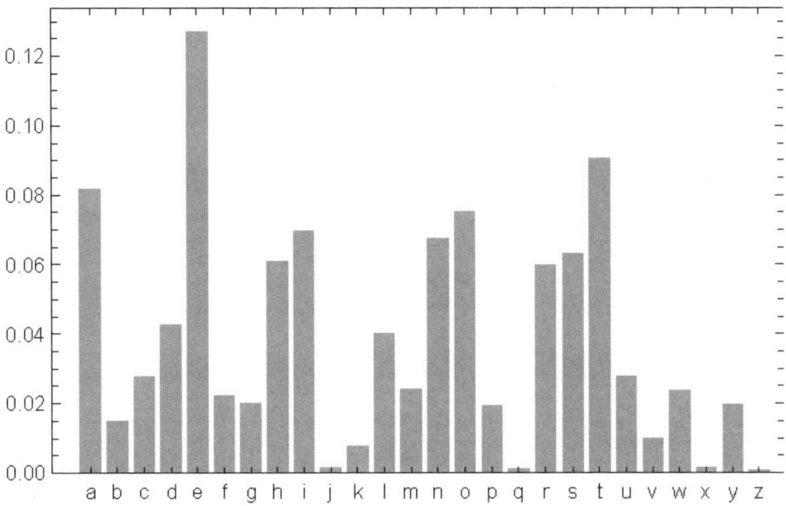

Und hier ist ein Diagramm, das die Wahrscheinlichkeit von Buchstabenpaaren (»2-Gramme«) in einem typischen englischen Text zeigt. Die möglichen ersten Buchstaben sind auf der waagerechten Achse zu sehen, die zweiten Buchstaben sind senkrecht angezeichnet:

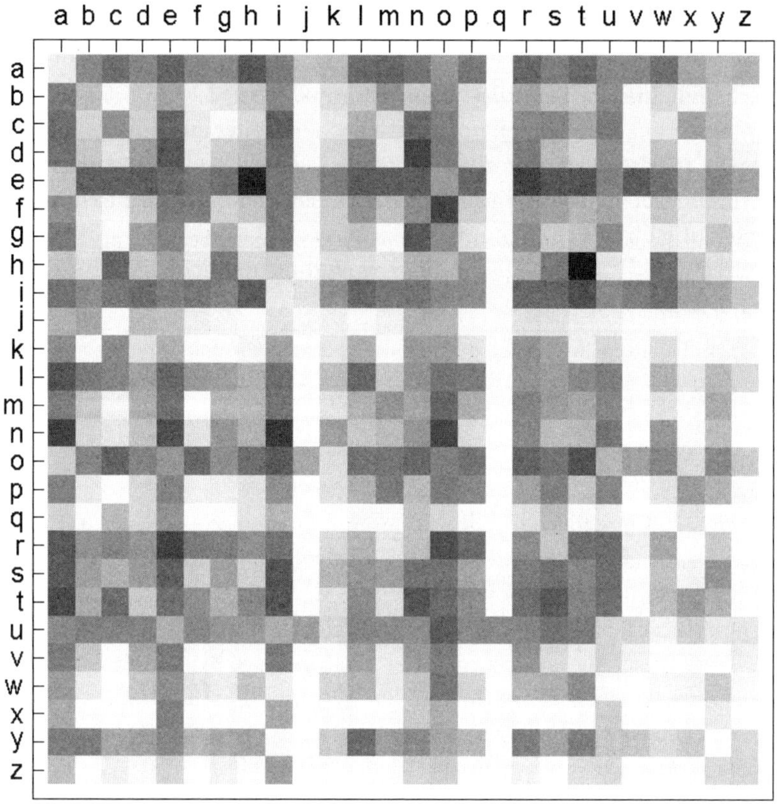

Sie können zum Beispiel erkennen, dass die »q«-Spalte leer ist (Wahrscheinlichkeit Null), ausgenommen in der Zeile »u«. Anstatt nun also die »Wörter« aus einzelnen Buchstaben zu generieren, schauen wir uns Buchstabenpaare an und legen die Wahrscheinlichkeiten aus dem Diagramm zugrunde. Hier ist ein Auszug aus dem Ergebnis – das jetzt tatsächlich einige »echte Wörter« enthält:

on inguman **men** ise forernoft **weat** iofobato buc ous corew ousesetiv falle tinouco ryefo ra **the** ecederi pasuthrgr cuconomtra **tesla will** tat pere thi

Mit einer ausreichend großen Menge an englischem Text erhalten Sie nicht nur für einzelne Buchstaben oder Buchstabenpaare (2-Gramme), sondern auch für längere Buchstabenfolgen ziemlich gute Schätzwerte für deren Wahrscheinlichkeiten. Und wenn Sie »zufällige Wörter« mit zunehmend längeren n-Gramm-Wahrscheinlichkeiten generieren, merken Sie, dass diese Wörter zunehmend »realistischer« werden:

0	**on** gxeeetowmt tsifhy ah aufnsoc ior oia itlt bnc tu ih uls
1	ri io os ot timumumoi gymyestit **ate** bshe abol viowr wotybeat mecho
2	**wore** hi usinallistin hia ale warou pothe **of** premetra bect upo pr
3	qual musin **was** witherins wil por vie surgedygua **was** suchinguary outheydays theresist
4	**stud made** yello adenced **through theirs** fromcent intous wherefo proteined screa
5	**special average** vocab **consumermarket** prepara **injury trade** consa **usually** speci **utility**

Nehmen Sie nun jedoch einmal an – mehr oder weniger so, wie ChatGPT es auch macht –, dass Sie es mit ganzen Wörtern und nicht mit Buchstaben zu tun haben. Es gibt ungefähr 40.000 einigermaßen gebräuchliche Wörter in der englischen Sprache.[2] Und wenn Sie sich einen großen Korpus englischer Texte anschauen (also zum Beispiel mehrere Millionen Bücher mit insgesamt einigen Hundert Milliarden Wörtern), dann erhalten Sie eine Vorstellung davon, wie verbreitet die einzelnen Wörter sind.[3] Mithilfe dieser Information können Sie beginnen, »Sätze« zu generieren, in denen die Wörter unabhängig voneinander zufällig ausgewählt werden, und zwar mit derselben Wahrscheinlichkeit, mit der sie im Textkorpus auftauchen. Hier ist ein Beispiel dafür, was Sie erhalten:

```
of program excessive been by was research rate not here of of othe
r is men were against are show they the different the half the the
in any were leaved
```

(auf Deutsch etwa: von Programm exzessiv gewesen von war Forschung Rate nicht hier von anderen ist Männer waren gegen sind zeigen sie die verschiedenen die Hälfte die in jeder waren verlassen)

2 https://reference.wolfram.com/language/ref/WordList.html
3 https://reference.wolfram.com/language/ref/WordFrequencyData.html

Das ist natürlich kein sinnvoller Text. Wie können Sie es besser machen? Genau wie bei den Buchstaben können Sie damit beginnen, nicht nur die Wahrscheinlichkeiten für einzelne Wörter in Betracht zu ziehen, sondern die Wahrscheinlichkeiten für Paare oder längere *n*-Gramme von Wörtern. Schauen Sie sich fünf Beispiele an, die Sie erhalten, wenn Sie dies für Wortpaare machen. In allen Fällen wird mit dem Wort »cat« begonnen:

```
cat through shipping variety is made the aid emergency can the
cat for the book flip was generally decided to design of
cat at safety to contain the vicinity coupled between electric public
cat throughout in a confirmation procedure and two were difficult music
cat on the theory an already from a representation before a
```

(auf Deutsch etwa:
Katze durch Schifffahrt Vielfalt gemacht wird die Hilfe Notfall kann die
Katze für das Buch blättern wurde generell beschlossen zu entwerfen des
Katze in Sicherheit zu enthalten die Umgebung gekoppelt zwischen elektrischer Öffentlichkeit
Katze durchweg in einer Bestätigungsprozedur und zwei waren schwierige Musik
Katze zu der Theorie einer bereits aus einer Repräsentation vor einer)

So langsam sieht es etwas »vernünftiger« aus. Man könnte sich vorstellen, dass man bei Verwendung ausreichend langer *n*-Gramme im Prinzip »ein ChatGPT erhält« – also in dem Sinne, dass man etwas bekommt, das Wortfolgen in Essay-Länge mit den »korrekten Essay-Wahrscheinlichkeiten« generiert. Dabei gibt es jedoch ein Problem: Es ist noch nicht annähernd genügend englischer Text geschrieben worden, um diese Wahrscheinlichkeiten deduzieren zu können.

Im Web mag es einige Hundert Milliarden Wörter geben. In Büchern, die digitalisiert wurden, finden sich vermutlich noch einmal hundert Milliarden Wörter. Doch bei 40.000 gebräuchlichen Wörtern beträgt schon allein die Zahl der möglichen 2-Gramme 1,6 Milliarden – und die Anzahl der möglichen 3-Gramme liegt bei 60 Billionen. Es gibt daher keine Möglichkeit, nur die Wahrscheinlichkeiten allein anhand dieser Texte abzuschätzen, die es da draußen irgendwo gibt. Bei »Essay-Fragmenten« aus 20 Wörtern ist die

Anzahl der Möglichkeiten größer als die Anzahl der Partikel im Universum. In gewisser Weise könnten sie also niemals alle niedergeschrieben werden.

Was nun? Es geht nun darum, ein Modell aufzustellen, das es Ihnen erlaubt, die Wahrscheinlichkeiten abzuschätzen, mit denen Sätze auftreten sollten – selbst wenn Sie diese Sätze niemals explizit in dem Textkorpus gesehen haben, den Sie betrachten. Und im Kern von ChatGPT befindet sich genau solch ein sogenanntes »Large Language Model« (LLM), das in der Lage ist, diese Wahrscheinlichkeiten zu schätzen.

3

Was ist ein Modell?

Stellen Sie sich vor, Sie wollen wissen (wie Galileo damals Ende des 16. Jahrhunderts)[1], wie lange eine Kanonenkugel, die von jeder einzelnen Etage des Schiefen Turms von Pisa fallengelassen wird, jeweils braucht, bis sie auf dem Boden aufschlägt. Sie könnten die einzelnen Versuche einfach messen und eine Tabelle mit den Ergebnissen anlegen. Oder Sie tun das, was theoretische Wissenschaft in ihrem Herzen ausmacht, und erstellen ein Modell, das Ihnen eine Art Prozedur liefert, mit der Sie die Antwort berechnen können, statt einfach nur die einzelnen Versuche zu messen und aufzuschreiben.

Nehmen Sie an, Sie haben (idealisierte) Daten dafür, wie lange die Kanonenkugel von den jeweiligen Etagen bis zum Boden braucht:

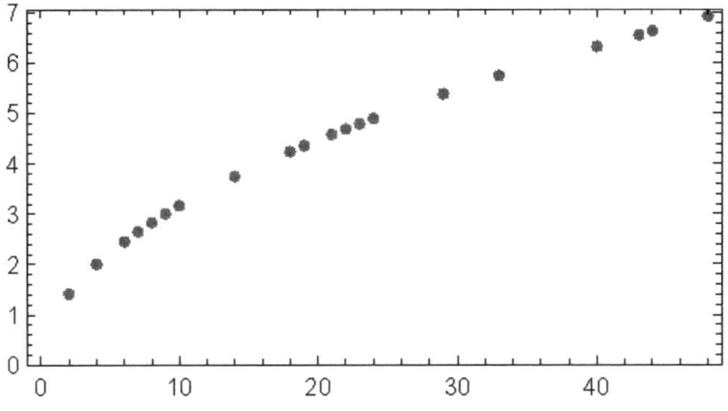

Wie stellen Sie fest, wie lange es von einer Etage aus dauert, für die Sie keine expliziten Daten haben? In diesem speziellen Fall können Sie physikalische Gesetze zu Hilfe nehmen. Doch was ist, wenn Sie nur die Daten haben und nicht wissen, welche Gesetzmäßigkeiten diesen zugrunde liegen? Dann

1 https://archive.org/details/bub_gb_49d42xp-USMC/page/404/mode/2up

könnten Sie eine mathematische Vermutung anstellen, etwa, indem Sie eine Gerade als Modell benutzen:

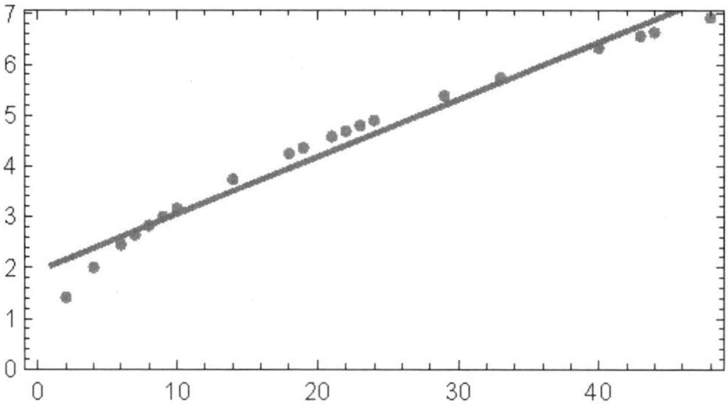

Sie könnten auch andere Geraden auswählen. Diese hier kommt jedoch im Durchschnitt den gegebenen Daten am nächsten. Und aus dieser Geraden können Sie die Zeit ableiten, die der Fall von den einzelnen Etagen dauert.

Woher wussten Sie, dass Sie es hier mit einer Geraden versuchen sollten? Eigentlich wussten Sie es nicht. Es ist nur eben etwas, was mathematisch einfach ist, und Sie sind an die Tatsache gewöhnt, dass viele Daten, die Sie messen, gut zu mathematisch einfachen Dingen passen. Sie könnten etwas mathematisch Komplizierteres versuchen – zum Beispiel $a+bx+cx^2$ –, und das würde in diesem Fall besser funktionieren:

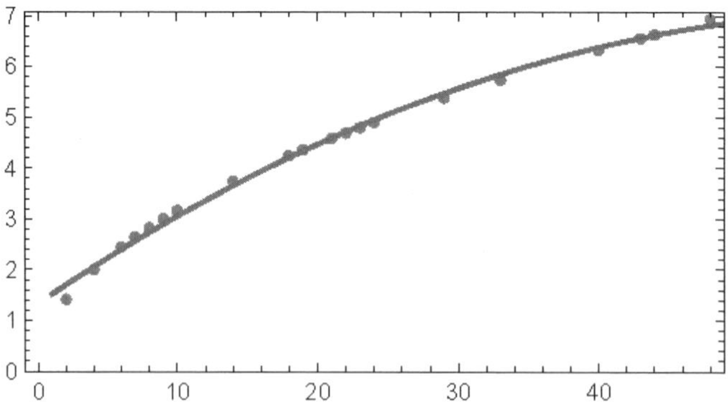

Das kann aber auch schiefgehen. Zum Beispiel ist dies das Beste, was wir mit $a+b/x+c\sin(x)$ erreichen können[2]:

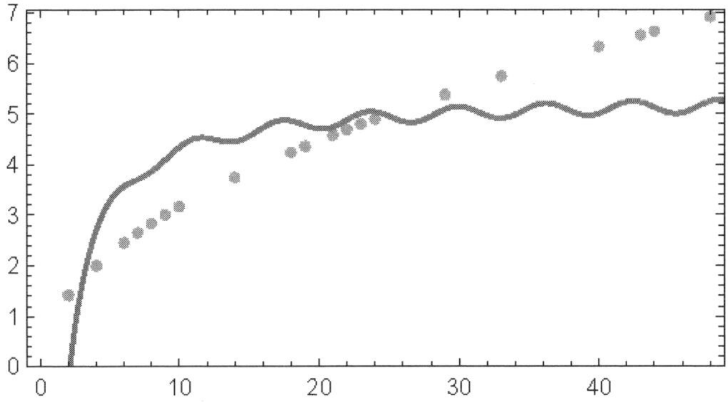

Es ist wichtig zu verstehen, dass es niemals ein »modellloses Modell« gibt. Jedem Modell, das man benutzt, liegt eine bestimmte Struktur zugrunde – eine bestimmte Menge an »Knöpfen, an denen man drehen kann« (d.h. Parameter, die man einstellen kann), um seine Daten einzustellen. Und im Fall von ChatGPT werden eine Menge solcher »Knöpfe« benutzt – genauer gesagt 175 Milliarden.

Das Bemerkenswerte an der Sache ist aber, dass die ChatGPT zugrunde liegende Struktur – mit »nur« diesen Parametern – ausreicht, um ein Modell zu erschaffen, das die Wahrscheinlichkeiten für das jeweils nächste Wort »gut genug« berechnet, um uns vernünftige Texte von Essay-Länge zu liefern.

2 https://reference.wolfram.com/language/ref/FindFit.html

4

Modelle für menschliche Aufgaben

Bei dem zuvor gezeigten Beispiel wurde ein Modell für numerische Daten hergestellt, das im Prinzip aus der klassischen Physik stammt – bei der seit Jahrhunderten bekannt ist, dass »einfache Mathematik gilt«. Für ChatGPT dagegen ist ein Modell für die Art von Text erforderlich, die in menschlicher Sprache von einem menschlichen Gehirn erdacht wird. Und so etwas wie »einfache Mathematik« gibt es hier nicht (zumindest bisher nicht). Wie könnte ein Modell dafür aussehen?

Bevor wir über Sprache sprechen, schauen wir uns eine andere menschliche Aufgabe an: Das Erkennen von Bildern. Und als einfaches Beispiel dafür lassen Sie uns einmal Bilder von Ziffern betrachten (ein klassisches Beispiel aus dem Bereich des Machine Learnings)[1]:

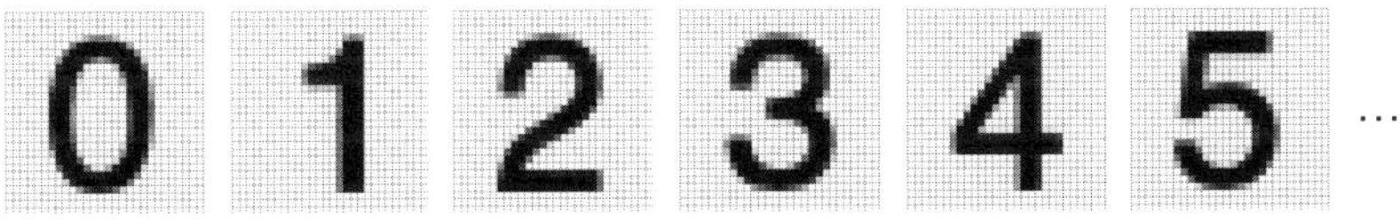

Man könnte für jede Ziffer eine Reihe von Beispielbildern vorgeben:

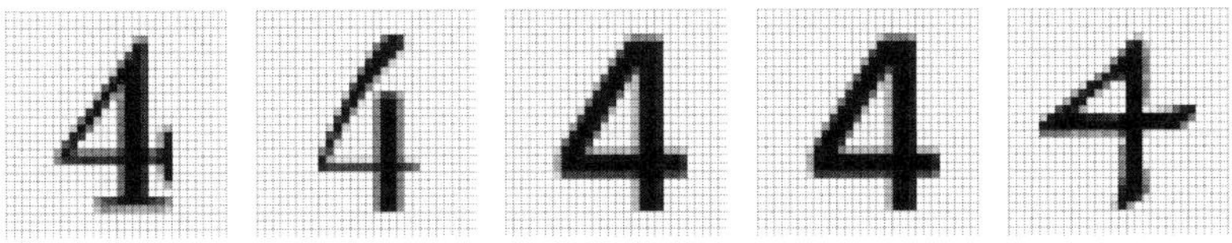

1 https://resources.wolframcloud.com/NeuralNetRepository/resources/LeNet-Trained-on-MNIST-Data/

Um herauszufinden, ob ein angegebenes Bild einer bestimmten Ziffer entspricht, könnte man einen pixelweisen Vergleich mit den vorhandenen Beispielen durchführen. Wir Menschen haben jedoch eine bessere Methode – weil wir die Ziffern auch dann erkennen, wenn sie zum Beispiel von Hand geschrieben wurden und alle möglichen Veränderungen und Verzerrungen aufweisen:

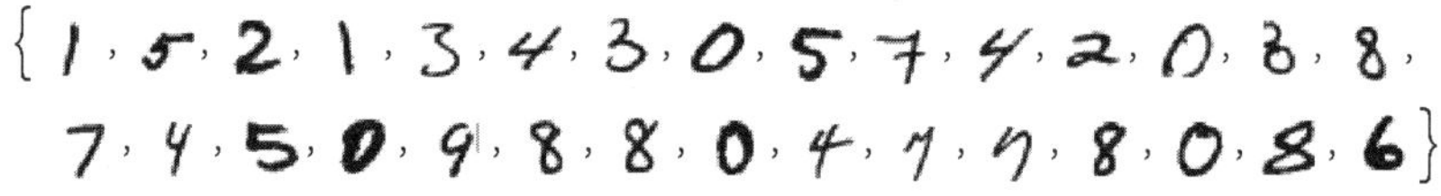

Bei dem oben erstellten Modell für die numerischen Daten konnte man einen gegebenen numerischen Wert x nehmen und für ein bestimmtes a und b einfach $a+bx$ berechnen. Gibt es also, falls Sie den Graustufenwert jedes Pixels als eine Art Variable x_i betrachten, eine Funktion all dieser Variablen, die Ihnen – wenn sie ausgewertet wird – verrät, welche Ziffer das Bild darstellt? Es zeigt sich, dass es möglich ist, eine solche Funktion zu konstruieren. Vermutlich überrascht es nicht, dass das nicht besonders einfach ist. Ein typisches Beispiel könnte möglicherweise eine halbe Million mathematischer Operationen umfassen.

Das Ergebnis sieht dann aber so aus: Wenn Sie die Sammlung der Pixelwerte für ein Bild in diese Funktion einspeisen, kommt die Zahl heraus, die angibt, von welcher Ziffer ein Bild stammt. Später werden wir darüber sprechen, wie eine solche Funktion konstruiert werden kann, und wo neuronale Netze ins Spiel kommen. Behandeln Sie für den Augenblick die Funktion als Black Box, in die Sie zum Beispiel die Bilder von handgeschriebenen Ziffern (als Anordnungen [Arrays] von Pixelwerten) eingeben und aus der Sie die dazu passenden Zahlen herausbekommen:

In[ ]:= NetModel["..."][{ 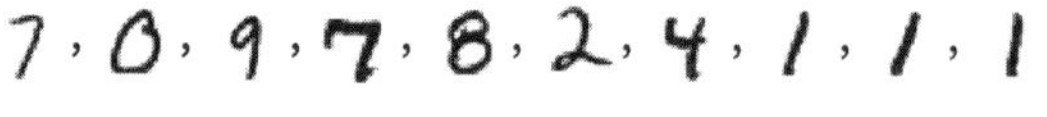 }]

Out[ ]= {7, 0, 9, 7, 8, 2, 4, 1, 1, 1}

Doch was genau passiert hier? Stellen Sie sich vor, eine Ziffer wird zunehmend unschärfer gezeichnet. Eine Weile »erkennt« die Funktion die Ziffer noch, in diesem Fall als »2«. Schon bald jedoch »verliert sie den Fokus« und fängt an, das »falsche« Ergebnis auszugeben:

In[ ]:= **NetModel[** "..." **][{** 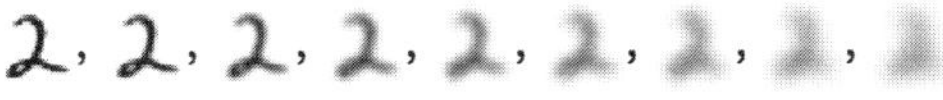 **}]**

Out[ ]= {2, 2, 2, 1, 1, 1, 1, 1, 1}

Warum aber ist dies das »falsche« Ergebnis? In diesem Fall wissen Sie, dass Sie alle Bilder erhalten haben, indem Sie eine »2« immer unschärfer gezeichnet haben. Falls Ihr Ziel jedoch darin besteht, ein Modell für das menschliche Vermögen, Bilder zu erkennen, herzustellen, lautet die eigentliche Frage, was ein Mensch machen würde, dem man eines dieser unscharfen Bilder zeigt, ohne dass er wüsste, woher es kommt.

Sie haben ein »gutes Modell«, wenn die Ergebnisse, die Sie von Ihrer Funktion erhalten, typischerweise mit dem übereinstimmen, was ein Mensch sagen würde. Und die nicht triviale wissenschaftliche Tatsache ist, dass für eine solche Bilderkennungsaufgabe inzwischen grundsätzlich bekannt ist, wie man Funktionen konstruiert, die dies können.

Kann man »mathematisch beweisen«, dass sie funktionieren? Nun ja, nein. Dazu bräuchte man nämlich eine mathematische Theorie für das, was wir Menschen machen. Nehmen Sie das Bild der »2« und verändern Sie einige Pixel. Sie könnten sich vorstellen, dass Sie das Bild auch dann noch als »2« erkennen, wenn ein paar der Pixel »aus der Reihe tanzen«. Doch wie weit darf das gehen? Das ist eine Frage der menschlichen visuellen Wahrnehmung[2]. Und ja, die Antwort würde für Bienen oder Oktopoden ohne Zweifel anders ausfallen – und potenziell vollkommen anders für vermeintliche Außerirdische[3].

2 https://www.wolframscience.com/nks/chap-10--processes-of-perception-and-analysis/#sect-10-7--visual-perception

3 https://writings.stephenwolfram.com/2021/11/the-concept-of-the-ruliad/#alien-views-of-the-ruliad

5

Neuronale Netze

Wie funktionieren also die typischen Modelle für Aufgaben wie die Bilderkennung[1] tatsächlich? Der beliebteste – und erfolgreichste – aktuelle Ansatz nutzt neuronale Netze[2]. Neuronale Netze – erfunden in den 1940er-Jahren[3] in einer Form, die der heutigen Verwendung bemerkenswert nahe kommt – kann man sich als einfache Idealisierungen der mutmaßlichen Arbeitsweise des Gehirns[4] vorstellen.

In menschlichen Gehirnen gibt es etwa 100 Milliarden Neuronen (Nervenzellen), die jeweils in der Lage sind, bis zu etwa 1.000-mal pro Sekunde einen elektrischen Impuls abzugeben. Die Neuronen sind in einem komplizierten Netzwerk miteinander verbunden: Jedes Neuron hat baumartige Verzweigungen, die es ihm erlauben, elektrische Signale an möglicherweise Tausende anderer Neuronen weiterzuleiten. Ob ein bestimmtes Neuron zu einem Zeitpunkt einen elektrischen Impuls erzeugt, hängt grob gesagt davon ab, welche Impulse es von anderen Neuronen empfangen hat – wobei unterschiedliche Verbindungen mit unterschiedlichen »Gewichten« dazu beitragen.

Wenn Sie »ein Bild sehen«, geschieht Folgendes: Fallen die Lichtphotonen des Bilds auf (»Fotorezeptor«-)Zellen an der Rückseite des Augapfels, erzeugen sie in den Nervenzellen elektrische Signale. Diese Nervenzellen sind mit anderen Nervenzellen verbunden und letztlich durchlaufen die Signale eine ganze Reihe von Schichten mit Neuronen. Und in diesem Prozess »erkennen« Sie das Bild, was bedeutet, dass sich schließlich »der Gedanke formt«, dass Sie »eine 2 sehen« (und vielleicht am Ende auch noch das Wort »zwei« laut aussprechen).

---

1 https://writings.stephenwolfram.com/2015/05/wolfram-language-artificial-intelligence-the-image-identification-project/

2 https://reference.wolfram.com/language/guide/NeuralNetworks.html

3 https://www.wolframscience.com/nks/notes-10-12--history-of-ideas-about-thinking/

4 https://www.wolframscience.com/nks/notes-10-12--the-brain/

Die »Black Box«-Funktion aus dem vorherigen Abschnitt ist eine »mathematisierte« Version eines solchen neuronalen Netzes. Zufällig hat es elf Schichten (wenn auch nur vier »Kernschichten«):

NetChain[

		image
	Input	array (size: 1×28×28)
1	ConvolutionLayer	array (size: 20×24×24)
2	Ramp	array (size: 20×24×24)
3	PoolingLayer	array (size: 20×12×12)
4	ConvolutionLayer	array (size: 50×8×8)
5	Ramp	array (size: 50×8×8)
6	PoolingLayer	array (size: 50×4×4)
7	FlattenLayer	vector (size: 800)
8	LinearLayer	vector (size: 500)
9	Ramp	vector (size: 500)
10	LinearLayer	vector (size: 10)
11	SoftmaxLayer	vector (size: 10)
	Output	class

]

An diesem neuronalen Netz ist nichts speziell »theoretisch Hergeleitetes«; es handelt sich ganz einfach um etwas, das – damals im Jahre 1998 – konstruiert wurde[5] und funktioniert hat. (Natürlich würden wir auch unsere Gehirne so ähnlich beschreiben: Sie haben sich im Zuge der biologischen Evolution einfach entwickelt.)

Doch wie schafft es nun ein solches neuronales Netz, »etwas zu erkennen«? Der Schlüssel liegt in den sogenannten Attraktoren[6]. Stellen Sie sich vor, Sie haben handgeschriebene Bilder von Einsen und Zweien:

5 https://resources.wolframcloud.com/NeuralNetRepository/resources/LeNet-Trained-on-MNIST-Data/

6 https://www.wolframscience.com/nks/chap-6--starting-from-randomness/#sect-6-7--the-notion-of-attractors

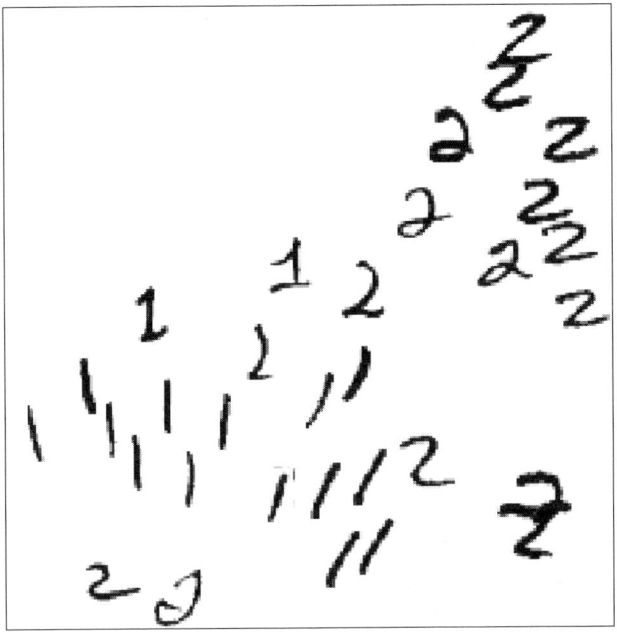

Sie möchten irgendwie, dass alle Einsen »an eine Stelle gezogen werden« und alle Zweien »an eine andere Stelle gezogen werden«. Oder anders ausgedrückt, wenn ein Bild irgendwie »eher eine 1 ist«[7] als eine 2, dann wollen Sie, dass es an der »1-Position« landet und umgekehrt.

Stellen Sie sich in einer relativ einfachen Analogie vor, dass Sie bestimmte Positionen in der Ebene haben, die durch Punkte gekennzeichnet sind (in einem realen Szenario könnten dies die Positionen von Cafés sein). Wenn Sie von irgendeiner Stelle in der Ebene ausgehen, wollen Sie immer bei dem nächstgelegenen Punkt landen (d.h., Sie gehen immer zum nächstgelegenen Café). Dies können Sie darstellen, indem Sie die Ebene in Regionen aufteilen (»Attraktorsenken«), die durch idealisierte »Wasserscheiden« getrennt sind:

7 https://www.wolframscience.com/nks/notes-10-12--memory-analogs-with-numerical-data/

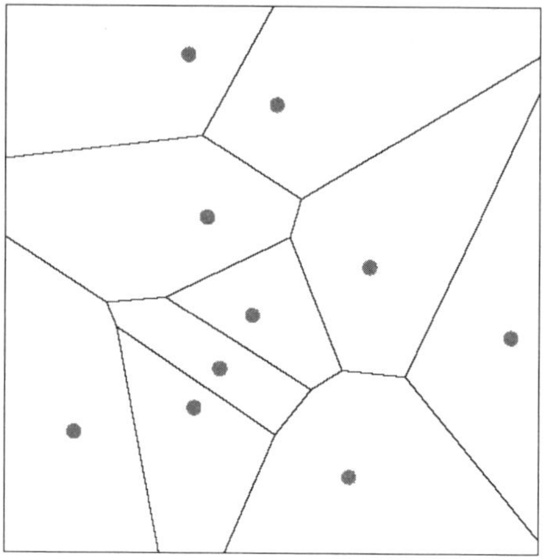

Denken Sie sich das Ganze wie das Umsetzen einer Art von »Erkennungsaufgabe«, in der Sie nicht etwa identifizieren, welcher Ziffer ein vorgegebenes Bild »am ähnlichsten sieht«, sondern in der Sie ziemlich direkt sehen, welchem Punkt eine vorgegebene Stelle am nächsten liegt. (Die »Voronoi-Diagramm«-Darstellung, die wir hier verwenden, ordnet die Punkte im zweidimensionalen Euklidischen Raum an; die Ziffern-Erkennungsaufgabe funktioniert prinzipiell so ähnlich – allerdings im 784-dimensionalen Raum, der durch die Graustufen aller Pixel in den einzelnen Bildern geformt wird.)

Wie bringen Sie nun ein neuronales Netz dazu, »eine Erkennungsaufgabe auszuführen«? Betrachten Sie diesen sehr einfachen Fall:

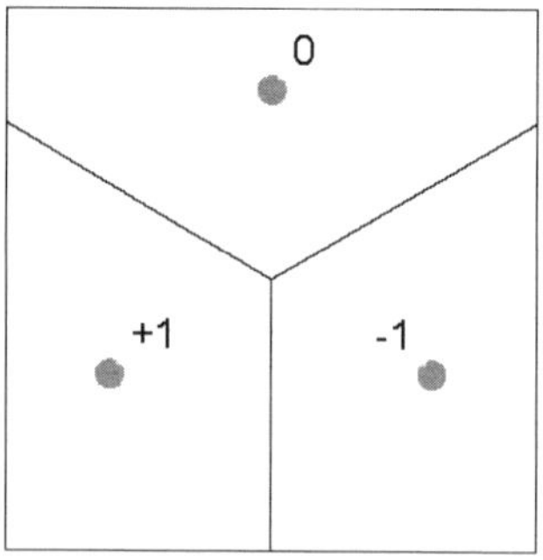

Ziel ist es, eine »Eingabe« zu nehmen, die einer Position $\{x,y\}$ entspricht – und dann zu »erkennen«, welchem der drei Punkte sie am nächsten liegt. Mit anderen Worten, Sie wollen, dass das neuronale Netz eine Funktion von $\{x,y\}$ berechnet wie:

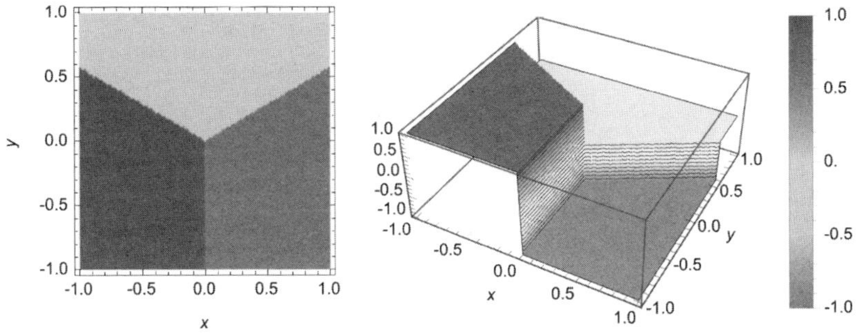

Wie machen Sie das mit einem neuronalen Netz? Im Prinzip handelt es sich bei einem neuronalen Netz um eine miteinander verbundene Ansammlung idealisierter – üblicherweise in Schichten angeordneter – »Neuronen«. Ein einfaches Beispiel sieht so aus:

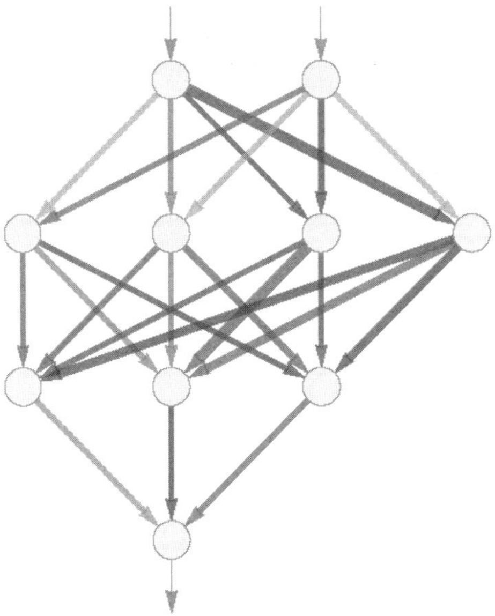

Jedes Neuron ist gewissermaßen dafür gedacht, eine einfache numerische Funktion auszuwerten. Und um das Netz zu »benutzen«, geben Sie oben einfach Zahlen ein (wie die Koordinaten *x* und *y*), lassen die Neuronen auf den einzelnen Schichten »ihre Funktionen auswerten« und reichen die Ergebnisse durch das Netz weiter – bis schließlich unten das fertige Ergebnis erzeugt wird:

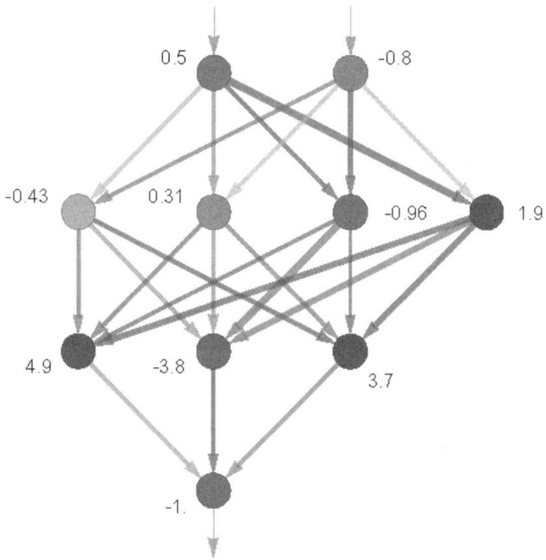

Im traditionellen (biologisch inspirierten) Szenario besitzt jedes Neuron eine bestimmte Menge an »eingehenden Verbindungen« von den Neuronen aus der vorherigen Schicht. Jeder dieser Verbindungen ist ein bestimmtes »Gewicht« zugewiesen (dieses kann eine positive oder negative Zahl sein). Der Wert eines bestimmten Neurons wird ermittelt, indem die Werte der »vorherigen Neuronen« mit ihren entsprechenden Gewichten multipliziert und dann addiert werden. Anschließend wird eine Konstante addiert – und schließlich eine »Schwellwert«- (oder »Aktivierungs«)funktion angewandt. Mathematisch ausgedrückt: Wenn ein Neuron die Eingaben $x = \{x_1, x_2, ...\}$ hat, dann berechnet man $f[w \cdot x + b]$, wobei die Gewichte w und die Konstante b im Allgemeinen für jedes Neuron im Netz unterschiedlich gewählt werden; die Funktion f ist dagegen üblicherweise gleich.

Das Berechnen von $w \cdot x + b$ ist nur eine Frage von Matrixmultiplikation und Addition. Die Aktivierungsfunktion f führt eine Nichtlinearität ein (und ist schließlich das, was zu nicht trivialem Verhalten führt). Normalerweise werden verschiedene Aktivierungsfunktionen verwendet; hier benutzen wir einfach `Ramp`[8] (oder ReLU):

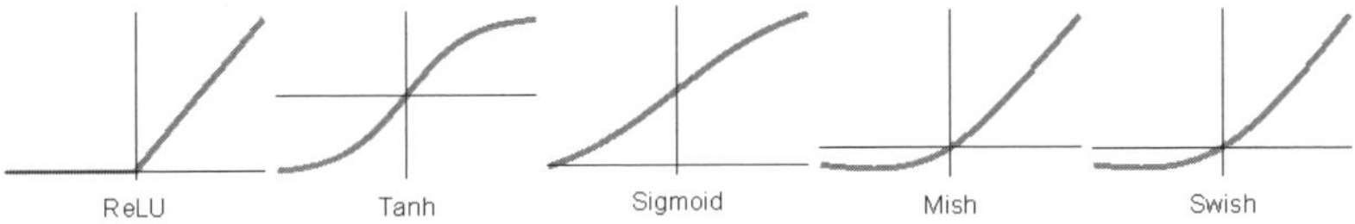

Für jede Aufgabe, die das neuronale Netz ausführen soll (oder entsprechend für jede Gesamtfunktion, die ausgewertet werden soll), gibt es eine unterschiedliche Auswahl an Gewichten. (Und – wie später genauer erklärt wird – diese Gewichte werden normalerweise bestimmt, indem das neuronale Netz mittels Machine Learnings anhand von Beispielen für die gewünschten Ausgaben »trainiert« wird.)

Am Ende entspricht jedes neuronale Netz einfach nur irgendeiner mathematischen Gesamtfunktion – die allerdings möglicherweise recht schwer schriftlich festgehalten werden kann. Im oben gezeigten Beispiel wäre dies:

$$
\begin{aligned}
& w_{511} f(w_{311} f(b_{11} + x\, w_{111} + y\, w_{112}) + w_{312} f(b_{12} + x\, w_{121} + y\, w_{122}) + \\
& w_{313} f(b_{13} + x\, w_{131} + y\, w_{132}) + w_{314} f(b_{14} + x\, w_{141} + y\, w_{142}) + b_{31}) + \\
& w_{512} f(w_{321} f(b_{11} + x\, w_{111} + y\, w_{112}) + w_{322} f(b_{12} + x\, w_{121} + y\, w_{122}) + \\
& w_{323} f(b_{13} + x\, w_{131} + y\, w_{132}) + w_{324} f(b_{14} + x\, w_{141} + y\, w_{142}) + b_{32}) + \\
& w_{513} f(w_{331} f(b_{11} + x\, w_{111} + y\, w_{112}) + w_{332} f(b_{12} + x\, w_{121} + y\, w_{122}) + \\
& w_{333} f(b_{13} + x\, w_{131} + y\, w_{132}) + w_{334} f(b_{14} + x\, w_{141} + y\, w_{142}) + b_{33}) + b_{51}
\end{aligned}
$$

Das neuronale Netz von ChatGPT entspricht ebenfalls einer solchen mathematischen Funktion – allerdings mit Milliarden von Termen.

Doch zunächst einmal zurück zu den einzelnen Neuronen. Hier sind einige Beispiele für die Funktionen, die ein Neuron mit zwei Eingängen (die die Koordinaten x und y repräsentieren) mithilfe verschiedener Gewichte und Konstanten (sowie `Ramp` als Aktivierungsfunktion) berechnen kann:

8 `https://reference.wolfram.com/language/ref/Ramp.html`

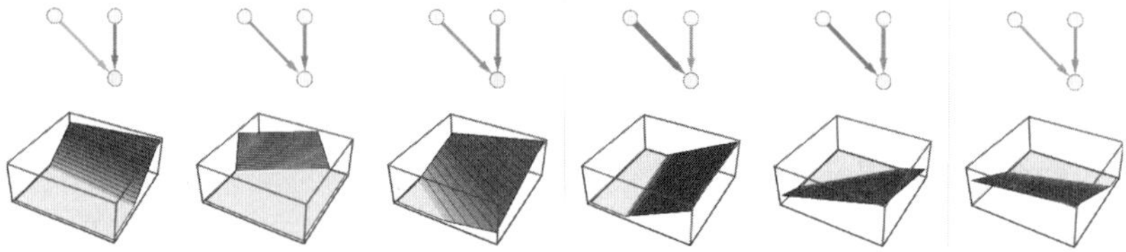

Doch was ist mit dem größeren Netz von oben? Hier sehen Sie, was dieses berechnet:

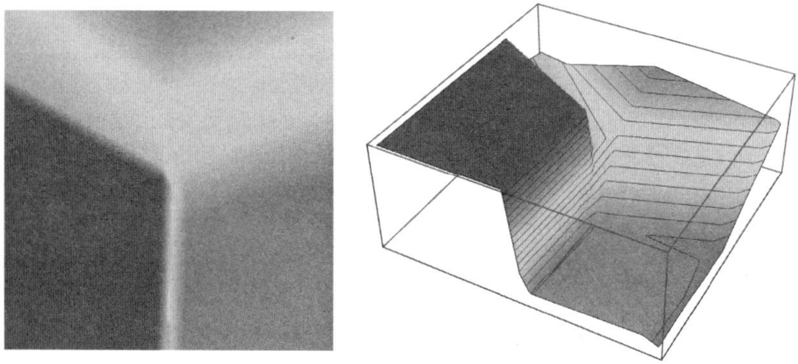

Das ist noch nicht ganz »richtig«, kommt aber der oben gezeigten »nächstgelegener Punkt«-Funktion schon ziemlich nahe.

Schauen Sie sich an, was mit anderen neuronalen Netzen passiert. In allen Fällen benutzen wir Machine Learning, um die beste Auswahl an Gewichten zu finden. Wie das genau funktioniert, erfahren Sie später. Hier sehen Sie zunächst einmal, was das neuronale Netz mit diesen Gewichten berechnet.

Größere Netze sind im Allgemeinen besser darin, sich der Funktion anzunähern, die wir anstreben. Und in der »Mitte der Attraktorsenke« erhalten wir typischerweise genau die Antwort, die wir haben möchten. An den Grenzen dagegen – wo das neuronale Netz »Schwierigkeiten hat, sich zu entscheiden« – kann es etwas chaotischer sein.

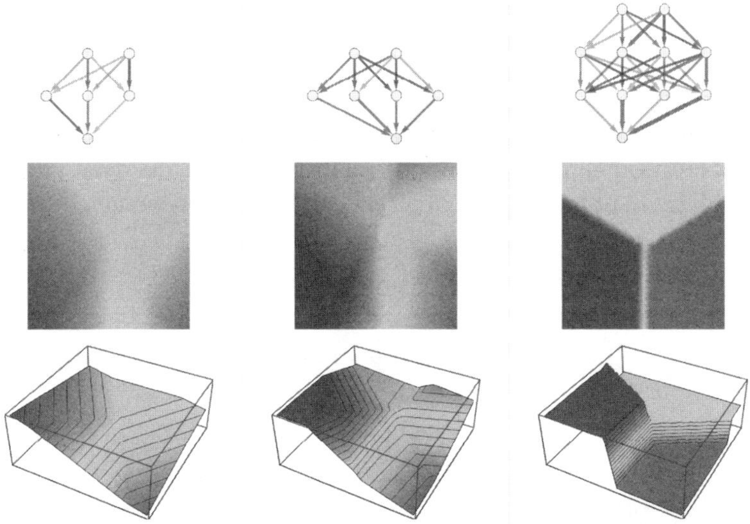

Bei dieser einfachen »Erkennungsaufgabe« im mathematischen Stil ist ziemlich klar, welches die »richtige Antwort« ist. Beim Problem des Erkennens handgeschriebener Ziffern ist das nicht ganz so eindeutig. Was ist, wenn jemand eine »2« so sehr hinschmiert, dass sie aussieht wie eine »7« usw.? Dennoch können Sie sich natürlich fragen, wie ein neuronales Netz Ziffern unterscheidet – und hiermit erhalten Sie einen Anhaltspunkt:

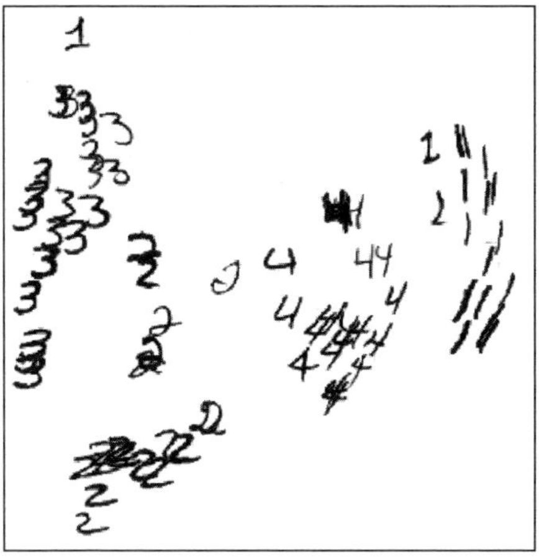

Kann man »mathematisch« aussagen, wie das Netz seine Unterscheidungen vornimmt? Kaum. Es »macht einfach das, was ein neuronales Netz so macht«. Und das sieht fast so aus wie die Unterscheidungen, die wir Menschen vornehmen.

Betrachten Sie ein komplexeres Beispiel. Nehmen Sie an, Sie haben Bilder von Hunden und Katzen sowie ein neuronales Netz, das darauf trainiert wurde, diese zu unterscheiden.[9] Folgendes könnte es bei einigen Beispielen machen:

Nun ist noch weniger klar, welches die »richtige Antwort« ist. Was ist zum Beispiel mit einem Hund, der in ein Katzenkostüm gekleidet wurde? Egal, wie die Eingabe aussieht, das neuronale Netz generiert eine Antwort. Es

9 https://writings.stephenwolfram.com/2015/05/wolfram-language-artificial-intelligence-the-image-identification-project/

zeigt sich, dass dies in einer Weise geschieht, die einigermaßen konsistent mit der Vorgehensweise von Menschen ist. Wie ich oben geschrieben habe, ist dies keine Tatsache, die man »aus Grundprinzipien ableiten« kann, sondern etwas, das sich empirisch als wahr erweist, zumindest in bestimmten Bereichen. Das ist aber auch einer der wesentlichen Gründe, weshalb neuronale Netze nützlich sind: weil sie eine »menschengleiche« Art an den Tag legen, Dinge zu erledigen.

Stellen Sie sich selbst bei einem Katzenbild die Frage: »Wieso ist das eine Katze?«. Möglicherweise sagen Sie sich als Erstes: »Nun ja, ich sehe ihre spitzen Ohren usw.«. Es ist jedoch nicht leicht zu erklären, wie Sie erkannt haben, dass das Bild eine Katze zeigt. Irgendwie hat Ihr Gehirn es einfach geschafft. Für ein Gehirn gibt es aber keinen Weg (zumindest bis jetzt nicht), »hineinzugehen« und festzustellen, wie es das herausgekriegt hat. Wie ist das bei einem (künstlichen) neuronalen Netz? Es ist leicht zu sehen, was die einzelnen »Neuronen« machen, wenn Sie das Bild einer Katze vorzeigen. Doch selbst eine einfache Visualisierung ist normalerweise sehr schwer zu realisieren.

In dem Netz, das wir für das Problem des »nächstgelegenen Punkts« benutzt haben, gibt es 17 Neuronen. Im Netz zum Erkennen der handgeschriebenen Ziffern sind es 2190. Und in dem Netz zum Erkennen von Katzen und Hunden gibt es 60.650 Neuronen. Normalerweise dürfte es ziemlich schwierig sein, sich einen 60.650-dimensionalen Raum vorzustellen oder diesen zu visualisieren. Da dies aber ein Netz ist, das für den Umgang mit Bildern eingerichtet wurde, sind viele seiner Neuronenschichten so organisiert, dass sie der Anordnung der Pixel ähneln, die es sich anschaut.

Wenn Sie ein typisches Katzenbild nehmen,

können Sie den Zustand der Neuronen in der ersten Schicht durch eine Sammlung abgeleiteter Bilder darstellen – von denen sich viele leicht als etwas interpretieren lassen wie »die Katze ohne ihren Hintergrund« oder »der Umriss der Katze«:

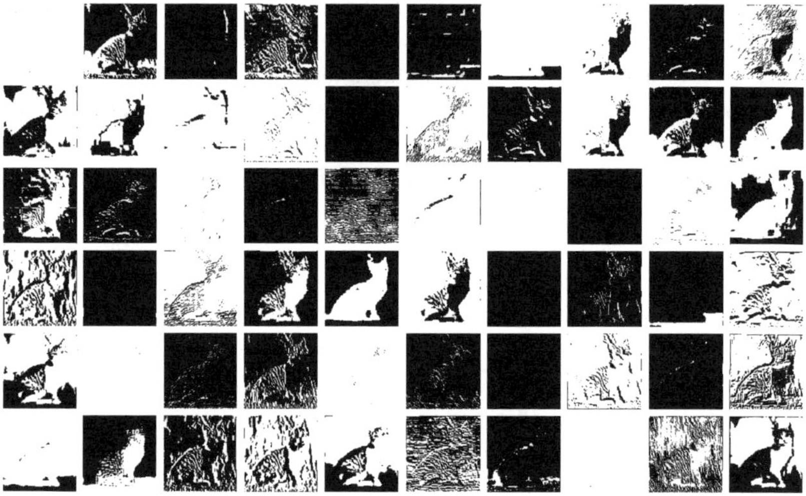

Ab der zehnten Schicht ist es schwieriger zu interpretieren, was passiert:

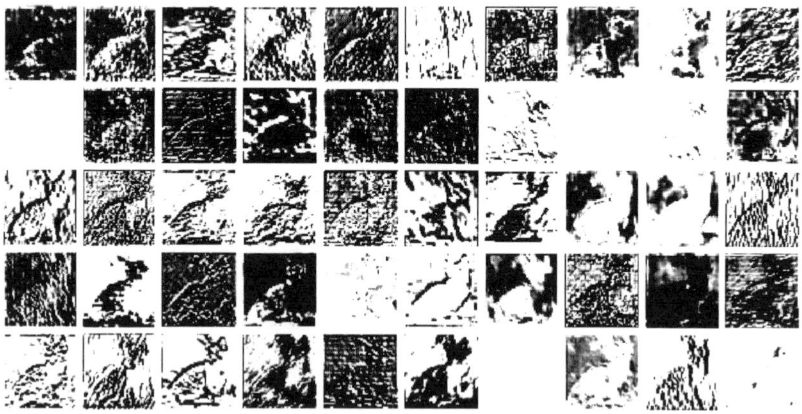

Im Allgemeinen könnte man jedoch feststellen, dass das neuronale Netz »bestimmte Eigenschaften auswählt« (darunter z.B. spitze Ohren) und diese benutzt, um zu ermitteln, was das Bild zeigt. Sind dies aber Eigenschaften, für die wir Namen haben – wie: »spitze Ohren«? Meistens nicht.

Benutzen unsere Gehirne ähnliche Eigenschaften? Im Großen und Ganzen wissen wir das nicht. Bemerkenswert ist jedoch, dass die ersten paar Schichten eines neuronalen Netzes wie desjenigen, das Sie hier sehen, Bildaspekte (wie die Kanten von Objekten) auszuwählen scheinen, die ähnlich denjenigen sind, die von der ersten Ebene der visuellen Verarbeitung in Gehirnen ausgewählt werden.

Stellen Sie sich vor, wir wünschen uns eine »Theorie der Katzenerkennung« in neuronalen Netzen. Wir können sagen: »Schauen Sie, dieses spezielle Netz kann das« – und erhalten sofort ein Gefühl dafür, »wie schwierig das Problem ist« (und zum Beispiel, wie viele Neuronen oder Schichten benötigt werden). Doch zumindest bis jetzt haben wir keine Möglichkeit, eine »narrative Beschreibung« dessen abzugeben, was das Netzwerk macht. Und das liegt möglicherweise daran, dass es tatsächlich rechnerisch irreduzierbar ist und es keinen allgemeinen Weg gibt, um herauszufinden, was es macht, außer indem man explizit jeden Schritt verfolgt. Vielleicht liegt es aber auch daran, dass man die »Wissenschaft dahinter noch nicht herausgekriegt« und die »Naturgesetze« identifiziert hat, die es uns erlauben zusammenzufassen, was passiert.

Auf ähnliche Probleme stößt man, wenn man darüber spricht, Sprache mit ChatGPT zu generieren. Auch hier ist nicht klar, ob es Wege gibt, um »zusammenzufassen, was es macht«. Allerdings könnten uns der Reichtum und die Vielfalt der Sprache (und unsere Erfahrungen damit) erlauben, dabei weiter zu kommen als bei Bildern.

6

Machine Learning und das Training neuronaler Netze

Wir haben bisher über neuronale Netze gesprochen, die »bereits wissen«, wie bestimmte Aufgaben zu erledigen sind. Was neuronale Netze jedoch so nützlich macht (wahrscheinlich auch in Gehirnen), ist die Tatsache, dass sie nicht nur prinzipiell alle möglichen Aufgaben erledigen, sondern auch schrittweise »anhand von Beispielen« trainiert werden können, diese Aufgaben auszuführen.

Wenn Sie ein neuronales Netz erstellen, das Katzen von Hunden unterscheidet, müssen Sie kein Programm schreiben, das (zum Beispiel) ausdrücklich Schnurrhaare findet. Stattdessen zeigen Sie ihm sehr viele Beispiele für Hunde und Katzen und lassen das Netz anhand dieser Beispiele »maschinell lernen«, wie es sie unterscheiden kann.

Der Trick besteht darin, dass das trainierte Netz aus den speziellen Beispielen, die ihm gezeigt werden, »verallgemeinert« oder »generalisiert«. Wie Sie oben gesehen haben, ist es nicht einfach nur so, dass das Netzwerk das spezielle Pixelmuster eines beispielhaften Katzenbilds erkennt, das ihm gezeigt wurde, sondern es schafft es, Bilder auf der Grundlage dessen zu unterscheiden, was man als eine Art »allgemeine Katzenhaftigkeit« bezeichnen könnte.

Wie genau funktioniert nun das Training neuronaler Netze tatsächlich? Im Prinzip versucht man immer, Gewichte zu finden, die dafür sorgen, dass das neuronale Netz erfolgreich die Beispiele reproduziert, die ihm vorgelegt werden. Und dann verlässt man sich darauf, dass das neuronale Netz auf »vernünftige« Weise »zwischen« diesen Beispielen »interpoliert« (oder »generalisiert«).

Lassen Sie uns ein Problem betrachten, das noch einfacher ist als das oben gezeigte Problem des nächstgelegenen Punkts. Versuchen Sie, ein neuronales Netz dazu zu bringen, diese Funktion zu erlernen:

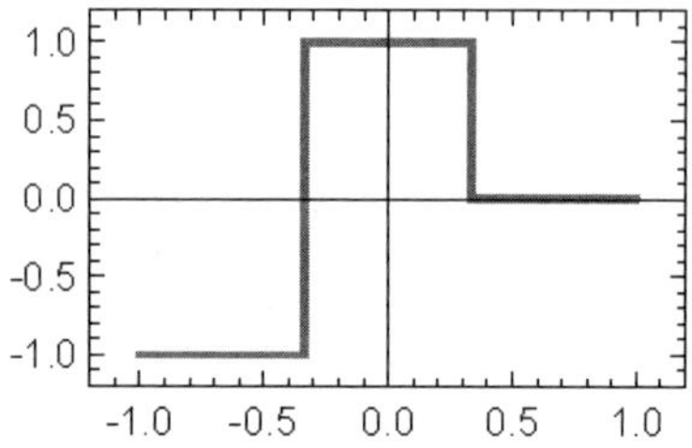

Für diese Aufgabe benötigen Sie ein Netzwerk mit einer Eingabe und einer Ausgabe:

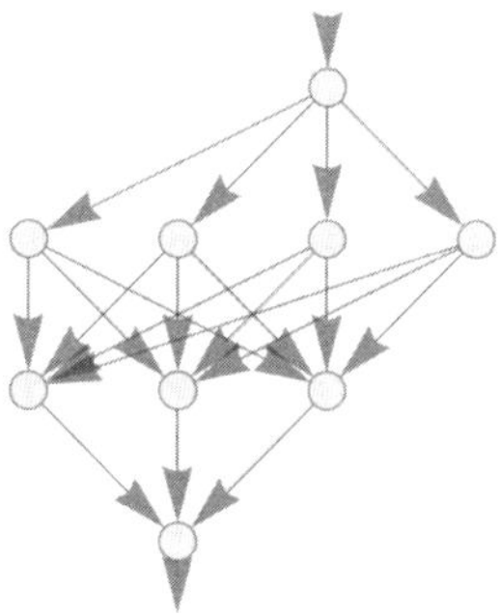

Welche Gewichte usw. sollten Sie benutzen? Mit jeder möglichen Menge an Gewichten berechnet das neuronale Netz irgendeine Funktion. Hier sehen Sie zum Beispiel, was es mit einigen zufällig ausgewählten Mengen an Gewichten macht:

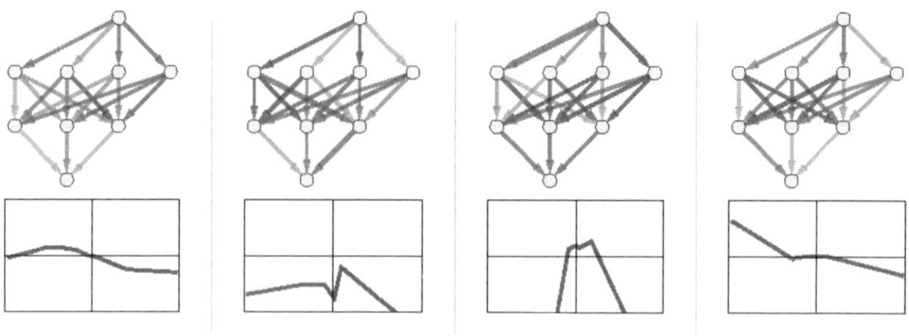

Es zeigt sich, dass keiner dieser Fälle auch nur annähernd die gewünschte Funktion reproduziert. Wie finden Sie also Gewichte, die das schaffen?

Die Grundidee besteht darin, viele »Eingabe → Ausgabe«-Beispiele vorzugeben, von denen »gelernt« werden kann – und dann zu versuchen, die Gewichte zu finden, die diese Beispiele reproduzieren. Verwendet man zunehmend mehr Beispiele, sieht das Ergebnis folgendermaßen aus:

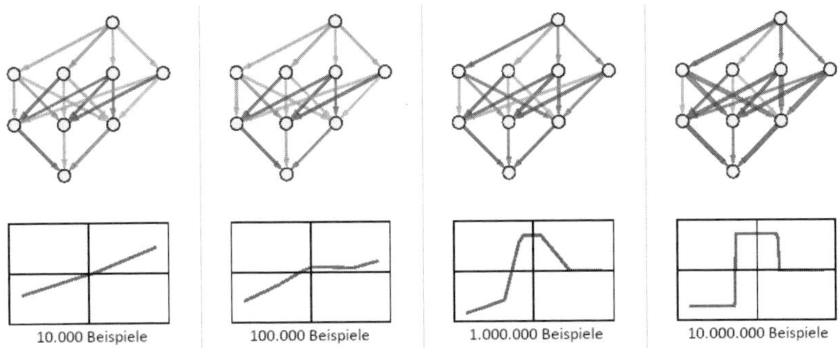

In jedem Stadium dieses »Trainings« werden die Gewichte immer weiter angepasst – und Sie sehen, dass Sie schließlich ein Netzwerk erhalten, das die gewünschte Funktion erfolgreich reproduziert. Wie passen Sie die Gewichte an? Im Prinzip wird in jedem Stadium nachgeschaut, »wie weit Sie davon entfernt sind«, die Funktion zu erhalten, die Sie haben möchten – und dann werden die Gewichte so aktualisiert, dass Sie dem gewünschten Ergebnis näher kommen.

Um herauszufinden, »wie weit entfernt Sie sind«, berechnen Sie eine sogenannte »Verlustfunktion« (manchmal auch »Kostenfunktion« genannt). Hier benutzen wir eine einfache (L2) Verlustfunktion, bei der es sich um die Summe der Quadrate der Differenzen zwischen den Werten, die Sie erhalten, und den wahren Werten handelt. Mit zunehmendem Trainingsfortschritt wird das Ergebnis der Verlustfunktion immer kleiner (sie folgt dabei einer bestimmten »Lernkurve«, die für jede Aufgabe unterschiedlich aussieht) – bis Sie einen Punkt erreichen, an dem das Netzwerk die gewünschte Funktion erfolgreich reproduziert (oder zumindest eine gute Annäherung erreicht):

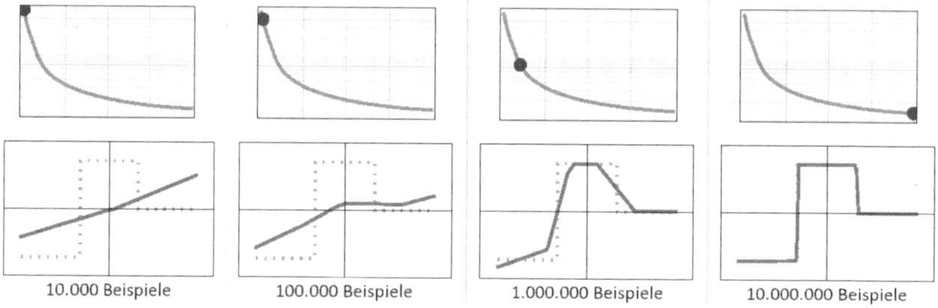

Nun muss nur noch erklärt werden, wie die Gewichte angepasst werden, um die Verlustfunktion zu reduzieren. Wie bereits ausgeführt wurde, liefert die Verlustfunktion einen »Abstand« zwischen den Werten, die Sie erhalten haben, und den wahren Werten. Die »Werte, die Sie erhalten haben«, werden in jedem Stadium durch die aktuelle Version des neuronalen Netzes bestimmt – und durch die Gewichte darin. Stellen Sie sich nun vor, die Gewichte seien Variablen – zum Beispiel w_i. Sie möchten herausfinden, wie die Werte dieser Variablen verändert werden müssen, um den Verlust zu minimieren, der von ihnen abhängt.

Stellen Sie sich zum Beispiel vor (in einer unglaublichen Vereinfachung der typischen neuronalen Netze, die in der Praxis benutzt werden), dass Sie nur die zwei Gewichte w_1 und w_2 haben. Der Verlust könnte als Funktion von w_1 und w_2 dann so aussehen:

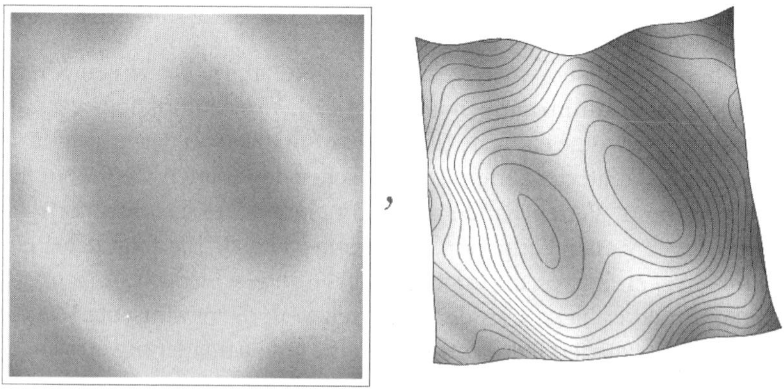

Die Numerik bietet in Fällen wie diesen eine Vielzahl von Techniken zum Ermitteln des Minimums. Eine typische Herangehensweise besteht darin, dem Weg des steilsten Abstiegs von den jeweils vorhergehenden w_1 und w_2 zu folgen:

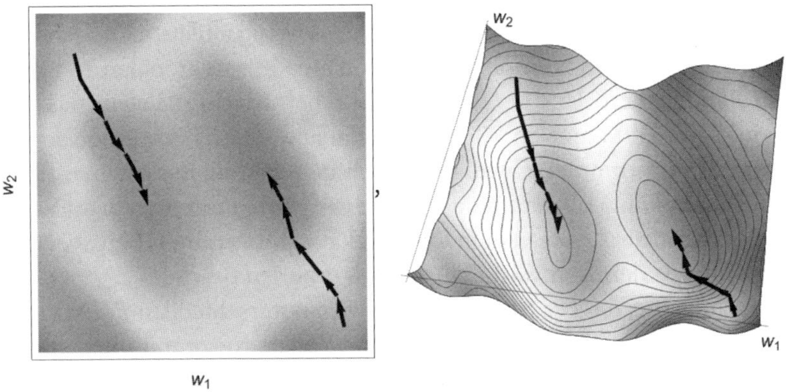

Genau wie bei Wasser, das einen Berg herabfließt, kann lediglich garantiert werden, dass diese Prozedur an irgendeinem lokalen Minimum auf der Oberfläche endet (»einem Bergsee«). Das letztendliche globale Minimum wird nicht unbedingt erreicht.

Es ist nicht offensichtlich, dass es machbar ist, den Weg des steilsten Abstiegs auf der »Gewichtslandschaft« zu finden. Allerdings kommt uns hier die Differenzialrechnung zu Hilfe. Wie bereits erwähnt, kann man sich ein neuronales Netz immer als das Berechnen einer mathematischen Funktion vorstellen, die von ihren Eingaben und ihren Gewichten abhängt. Stellen Sie sich nun vor, Sie würden in Bezug auf diese Gewichte differenzieren. Wie der Zufall so spielt, erlaubt es die Kettenregel der Differenzialrechnung, die Operationen »aufzudröseln«, die von aufeinanderfolgenden Schichten in einem neuronalen Netzwerk ausgeführt werden. Das Ergebnis bedeutet, dass Sie – zumindest in einer Art von lokaler Annäherung – den Betrieb des neuronalen Netzes »umkehren« und nach und nach die Gewichte finden können, die den Verlust, der mit der Ausgabe verknüpft ist, minimieren.

Das vorherige Bild zeigt die Art der Minimierung, die man in dem unrealistisch einfachen Fall von nur zwei Gewichten vornehmen müsste. Doch selbst mit viel mehr Gewichten (ChatGPT nutzt 175 Milliarden) ist es möglich, so eine Minimierung durchzuführen, zumindest bis zu einer gewissen Stufe der Annäherung. Der große Durchbruch im »Deep Learning«, den es etwa 2012 gab, hing tatsächlich mit der Entdeckung zusammen, dass es in gewisser Weise einfacher sein kann, mit sehr vielen Gewichten eine (zumindest annäherungsweise) Minimierung durchzuführen als mit nur einigen wenigen.

Mit anderen Worten – und auch, wenn das wenig einleuchtend scheint –, es kann leichter sein, kompliziertere Probleme mit neuronalen Netzen zu lösen als einfachere. Und der Grund dafür scheint darin zu liegen, dass man bei einer großen Menge an »Gewichtsvariablen« einen hochdimensionalen Raum mit »vielen unterschiedlichen Richtungen« hat, die zu einem Minimum führen können – während es bei einer geringeren Anzahl an Variablen eher dazu führt, dass man in einem lokalen Minimum (»Bergsee«) hängen bleibt, aus dem keine »Richtung nach draußen führt«.

Beachten Sie, dass es typischerweise viele unterschiedliche Zusammenstellungen von Gewichten gibt, die alle neuronale Netze mit ungefähr derselben Leistung ergeben. Im praktischen Training neuronaler Netze werden außerdem normalerweise viele zufällige Entscheidungen getroffen – die zu »unterschiedlichen-aber-äquivalenten Lösungen« wie diesen führen:

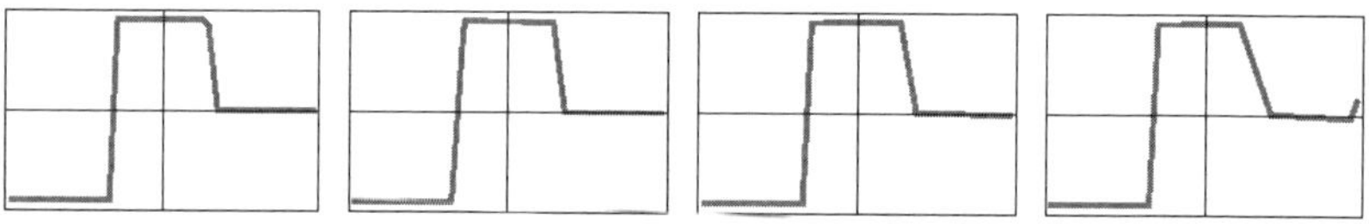

Jede dieser »unterschiedlichen Lösungen« weist übrigens auch ein etwas anderes Verhalten auf. Und falls Sie zum Beispiel um eine »Extrapolation« außerhalb der Region bitten, in der die Trainingsbeispiele lagen, könnten Sie vollkommen verschiedene Ergebnisse erhalten:

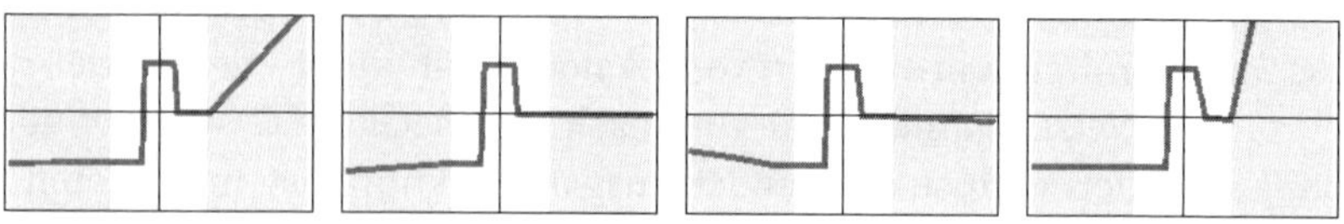

Doch welches von ihnen ist »richtig«? Das lässt sich wirklich nicht sagen. Alle sind »konsistent zu den beobachteten Daten«. Doch alle entsprechen unterschiedlichen »inhärenten« Methoden, darüber »nachzudenken«, was »außerhalb des gewohnten Bereichs« zu tun ist. Und manche mögen uns Menschen »vernünftiger« vorkommen als andere.

7

Kenntnisstand und Praxis des Trainings neuronaler Netze

Besonders im Laufe des letzten Jahrzehnts gab es viele Fortschritte in der Kunst des Trainings neuronaler Netze. Und ja, im Grunde genommen ist es eine Kunst. Manchmal – vor allem im Rückblick – kann man zumindest einen Schimmer einer »wissenschaftlichen Erklärung« für etwas erkennen, das gemacht wurde. Meist wurden Dinge jedoch durch ständiges Ausprobieren und Nachbessern, also »Trial and Error«, entdeckt. Durch immer weitere neue Ideen und Tricks entstand ein beträchtliches Wissen darüber, wie man mit neuronalen Netzen arbeiten kann.

Es gibt mehrere entscheidende Punkte. Zunächst einmal ist da die Frage, welche Architektur eines neuronalen Netzes man für eine bestimmte Aufgabe einsetzen sollte. Dann ist da das wichtige Problem, wie man an die Daten kommt, mit denen man das neuronale Netz trainieren wird. Und immer häufiger muss man ein Netz gar nicht von Grund auf neu trainieren, sondern kann ein bereits trainiertes Netz in sein eigenes neues Netz integrieren, oder das bereits trainierte Netz zumindest dafür benutzen, um weitere Trainingsbeispiele für die eigene Nutzung zu generieren.

Man könnte meinen, dass es für jede spezielle Art von Aufgabe notwendig ist, eine andere Netzwerkarchitektur zu verwenden. Dem ist jedoch nicht so: Man hat festgestellt, dass selbst für völlig verschiedene Aufgaben durchaus dieselbe Architektur verwendet werden kann. In gewisser Weise erinnert dies an die Idee der universellen Berechnung[1] (und mein Prinzip der rechnerischen Äquivalenz[2]). Dennoch denke ich, wie ich später diskutieren werde, dies spiegelt mehr die Tatsache wider, dass die Aufgaben, die wir

---

1 https://www.wolframscience.com/nks/chap-11--the-notion-of-computation/#sect-11-3--the-phenomenon-of-universality

typischerweise von neuronalen Netzen ausführen lassen wollen, »menschlich« sind – und neuronale Netze können ganz allgemein »menschliche Prozesse« erfassen.

In früheren Zeiten kursierte im Zusammenhang mit neuronalen Netzen die Vorstellung, dass man »das neuronale Netz so wenig wie möglich machen lassen« sollte. So dachte man zum Beispiel beim Konvertieren von Sprache zu Text[3], dass man zuerst den Klang der Sprache analysieren, es in Phoneme zerlegen solle usw. Dann stellte man jedoch fest, dass es – zumindest für »menschliche Aufgaben« – meist besser war, das neuronale Netz auf das »Ende-zu-Ende-Problem« zu trainieren, das heißt, ihm zu erlauben, selbst die notwendigen Zwischenstationen, -codierungen usw. zu »entdecken«.

Außerdem herrschte die Vorstellung, dass man komplizierte Einzelkomponenten in das neuronale Netz einführen sollte, um ihm im Prinzip zu ermöglichen, »explizit bestimmte algorithmische Ideen zu implementieren«. Aber auch das hat sich am Ende größtenteils als nutzlos erwiesen. Stattdessen ist es besser, sich mit sehr einfachen Komponenten zu begnügen und diesen zu erlauben, »sich selbst zu organisieren« (wenn dies auch üblicherweise auf eine Art geschieht, die wir nicht verstehen können), um (wahrscheinlich) das Äquivalent dieser algorithmischen Ideen zu erreichen.

Das soll nicht heißen, dass es keine »strukturierenden Ideen« gibt, die relevant für neuronale Netze sind. So scheint es zum Beispiel in den frühen Stadien der Bildverarbeitung durchaus sehr sinnvoll zu sein, zweidimensionale Anordnungen von Neuronen mit lokalen Verbindungen[4] zu haben. Und Konnektivitätsmuster, die sich auf das »Zurückschauen in Sätzen« konzentrieren, sind offenbar für den Umgang mit Dingen wie der menschlichen Sprache, etwa in ChatGPT, sehr nützlich. Wir werden das später noch sehen.

Eine wichtige Eigenschaft neuronaler Netze ist, dass sie – wie Computer im Allgemeinen – am Ende einfach nur mit Daten arbeiten. Und aktuelle neuronale Netze – mit aktuellen Trainingsansätzen – arbeiten speziell mit Anordnungen (Arrays) von Zahlen[5]. Im Laufe der Verarbeitung können

2 https://www.wolframscience.com/nks/chap-12--the-principle-of-computational-equivalence/
3 https://reference.wolfram.com/language/ref/SpeechRecognize.html
4 https://reference.wolfram.com/language/ref/ConvolutionLayer.html
5 https://reference.wolfram.com/language/guide/NetEncoderDecoder.html

diese Arrays völlig neu angeordnet und umgeformt werden. So startet zum Beispiel das Netz, das wir weiter vorn benutzt haben, um Ziffern zu identifizieren,[6] mit einem zweidimensionalen »bildartigen« Array, das sich schnell zu vielen Kanälen »verdickt«, sich dann aber zu einem eindimensionalen Array »herunterkonzentriert«,[7] das letztlich Elemente enthält, die die verschiedenen möglichen Ausgabeziffern repräsentieren:

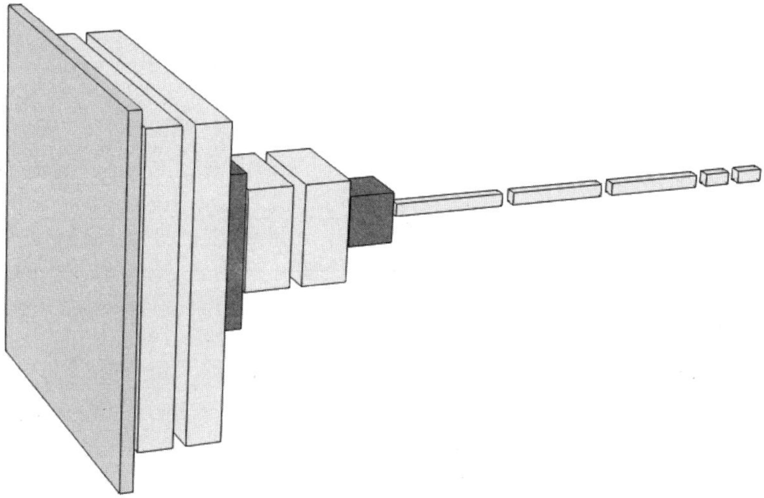

Wie lässt sich nun vorhersagen, wie groß ein neuronales Netz für eine bestimmte Aufgabe sein muss? Das ist gewissermaßen die Kunst. Auf einer bestimmten Ebene ist es wichtig zu wissen, »wie schwierig die Aufgabe ist«. Für menschliche Aufgaben ist das jedoch meist nur schwer abzuschätzen. Ja, es mag einen systematischen Weg geben, die Aufgabe sehr »mechanisch« vom Computer erledigen zu lassen. Allerdings kann man schwer sagen, ob es irgendwelche Tricks oder Abkürzungen gibt, die es erlauben, die Aufgabe zumindest auf einem »menschenähnlichen Niveau« leichter zu erledigen. Man muss möglicherweise einen riesigen Spielbaum[8] berechnen, um ein bestimmtes Spiel »mechanisch« zu spielen. Möglicherweise

6 https://resources.wolframcloud.com/NeuralNetRepository/resources/LeNet-Trained-on-MNIST-Data/

7 https://reference.wolfram.com/language/ref/AggregationLayer.html

gibt es eine viel einfachere (»heuristische«) Methode, um »Spielen auf menschenähnlichem Niveau« zu erreichen.

Wenn man es mit winzigen neuronalen Netzen und einfachen Aufgaben zu tun hat, kann man manchmal explizit sehen, dass man »von hier nicht dorthin kommen kann«. Zum Beispiel scheint dies das beste Ergebnis zu sein, das man mit einigen kleinen neuronalen Netzen bei der Aufgabe aus dem vorherigen Abschnitt erreichen kann:

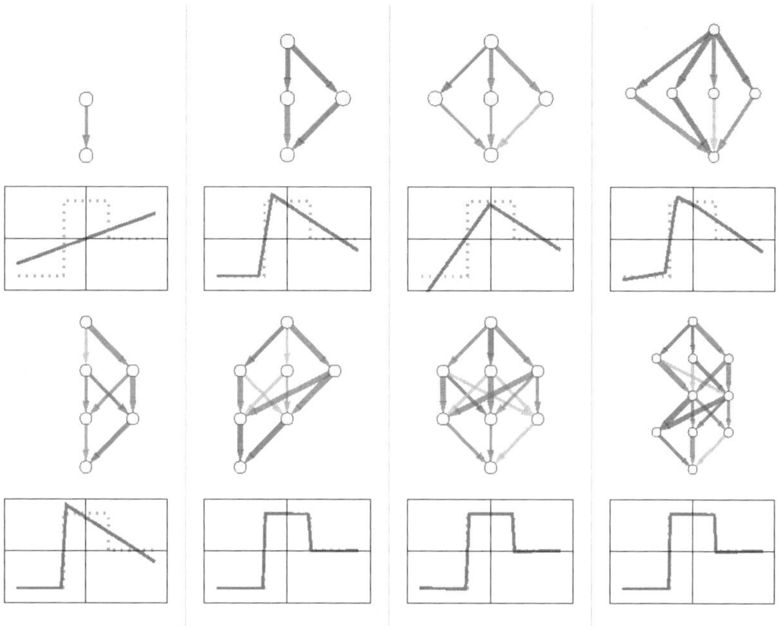

Sie sehen, dass sich die gewünschte Funktion einfach nicht reproduzieren lässt, wenn das Netz zu klein ist. Über einer gewissen Größe dagegen hat es kein Problem – zumindest wenn man es lange genug und mit ausreichend vielen Beispielen trainiert. Im Übrigen illustrieren diese Bilder ein Stück Neuronales-Netz-Wissen: dass man nämlich oft mit einem kleineren Netz auskommen kann, wenn es in der Mitte eine »Engstelle« gibt, die alles durch

8 https://writings.stephenwolfram.com/2022/06/games-and-puzzles-as-multicomputational-systems/

eine Art Flaschenhals aus weniger Neuronen zwingt. (Man muss außerdem erwähnen, dass Netze »ohne Zwischenschicht« – sogenannten »Perzeptrons«[9] – im Prinzip nur lineare Funktionen lernen können; sobald es auch nur eine Zwischenschicht gibt, ist es prinzipiell immer möglich, jede Funktion beliebig gut anzunähern,[10] zumindest wenn man genügend Neuronen hat. Um das Netz allerdings sinnvoll trainierbar zu machen, braucht man typischerweise irgendeine Art von Regulierung oder Normalisierung.[11])

Nehmen Sie also nun an, man hätte sich auf eine bestimmte Architektur für das neuronale Netz geeinigt. Jetzt lautet die Frage, wie man die Daten erhält, mit denen das Netz trainiert werden soll. Viele der praktischen Herausforderungen rund um neuronale Netze – und das Machine Learning im Allgemeinen – drehen sich um die Beschaffung oder Vorbereitung der notwendigen Trainingsdaten. In vielen Fällen (»überwachtes Lernen«) möchte man explizite Beispiele für Eingaben sowie die Ausgaben, die man von diesen erwartet, haben. Das heißt, man wünscht sich zum Beispiel Bilder, die nach ihrem Inhalt oder irgendeinem anderen Attribut markiert sind. Und vielleicht muss man sie einzeln durchgehen – was meist mit einer ziemlichen Mühe verbunden ist – und das Markieren (»Tagging«) vornehmen. Oft kann man aber auch einfach auf etwas zurückgreifen, das bereits vorhanden oder erledigt worden ist oder dies zumindest stellvertretend benutzen. So könnte man zum Beispiel Alt-Tags verwenden, die für Bilder im Web angegeben wurden. Oder man benutzt – in einem anderen Bereich – Untertitel aus Videos. Für das Training von Sprachübersetzungen wäre es denkbar, parallele Versionen von Webseiten oder anderen Dokumenten einzusetzen, die in unterschiedlichen Sprachen vorliegen.

Wie viele Daten müssen Sie einem neuronalen Netz zeigen, um es für eine bestimmte Aufgabe zu trainieren? Auch das ist grundsätzlich schwer abzuschätzen. Sicherlich können die Anforderungen drastisch reduziert werden, wenn man »Transferlernen« einsetzt, um so etwas wie Listen wichtiger Eigenschaften, die bereits in einem anderen Netz gelernt wurden, »hineinzutransferieren«. Im Allgemeinen jedoch müssen neuronale Netze »eine Menge Beispiele sehen«, um gut zu trainieren. Und zumindest für einige Aufgaben ist es inzwischen bekannt, dass die Beispiele unglaublich oft wiederholt werden können. Tatsächlich ist es eine gebräuchliche Strate-

9 `https://en.wikipedia.org/wiki/Perceptron`
10 `https://en.wikipedia.org/wiki/Universal_approximation_theorem`
11 `https://reference.wolfram.com/language/ref/BatchNormalizationLayer.html`

gie, einem neuronalen Netz alle Beispiele, die man hat, immer und immer wieder zu zeigen. In jeder dieser »Trainingsrunden« (oder »Epochen«) befindet sich das neuronale Netz in einem etwas anderen Zustand. Und wenn man es irgendwie an ein bestimmtes Beispiel »erinnert«, bringt man es dazu, dass es sich »dieses Beispiel merkt«. (Ja, vermutlich ist das analog zu der Tatsache, dass Wiederholungen auch bei menschlichen Erinnerungsaufgaben sehr nützlich sind.)

Oft allerdings reicht es nicht, dasselbe Beispiel immer und immer wieder zu wiederholen. Man muss dem neuronalen Netz auch Variationen des Beispiels zeigen. Eine Besonderheit ist übrigens, dass diese »Data Augmentation«-Variationen (also quasi Variationen zur Datenvermehrung) nicht besonders raffiniert sein müssen, um nützlich zu sein. Schon das leichte Modifizieren von Bildern mit einer einfachen Bildbearbeitung macht sie im Prinzip »so gut wie neu« für das Training neuronaler Netze. Sollte einem beim Trainieren selbstfahrender Autos beispielsweise das tatsächliche Videomaterial ausgehen, kann man sich Daten aus Simulationen in einer modellhaften, videospielartigen Umgebung beschaffen, die ohne die Details realer Szenen auskommt.

Wie ist das nun bei so etwas wie ChatGPT? Es besitzt die schöne Eigenschaft, dass es zu »unüberwachtem Lernen« fähig ist, wodurch sich viel einfacher Beispiele beschaffen lassen, mit denen es trainieren kann. Sie erinnern sich sicher noch daran, dass die Grundaufgabe für ChatGPT darin besteht, herauszufinden, wie es einen vorgegebenen Textschnipsel weiterführen kann. Um ihm also »Trainingsbeispiele« zu besorgen, muss man sich einfach nur ein Stück Text nehmen und das Ende maskieren. Dies können Sie dann als »Eingabe, anhand derer trainiert werden soll« benutzen. Die »Ausgabe« (das gewünschte Ergebnis) ist das vollständige, unmaskierte Stück Text. Wir werden das später noch genauer diskutieren. Entscheidend ist hier, dass anders als z.B. beim Erlernen von Bildinhalten kein »explizites Tagging« erforderlich ist. ChatGPT kann im Prinzip direkt von den Textbeispielen lernen, die man ihm vorgibt.

Was ist nun aber mit dem tatsächlichen Lernprozess in einem neuronalen Netz? Am Ende geht es immer wieder nur darum zu bestimmen, welche Gewichte am besten die Trainingsbeispiele erfassen, die bereitgestellt wurden. Und es gibt alle Arten detaillierter Auswahlmöglichkeiten und »Hyperparameter-Einstellungen« (so genannt, weil man sich die Gewichte als »Parameter« vorstellen kann), die benutzt werden können, um zu justieren, wie das geschieht. Es gibt verschiedene Möglichkeiten für die Verlustfunktion[12] (Summe der Quadrate, Summe der absoluten Werte usw.). Auch für das Vornehmen der Verlustminimierung (wie weit muss man sich in jedem Schritt im Gewichtsraum bewegen usw.) stehen verschiedene Methoden zur Verfügung. Und dann gibt es noch Fragen wie etwa, wie viele Beispiele man jeweils zeigen muss, um zu den einzelnen Verlustschätzungen zu kommen, die man zu minimieren versucht. Und ja, man kann Machine Learning anwenden (wie wir es zum Beispiel in der Wolfram Language machen), um das Machine Learning zu automatisieren – und um automatisch Dinge wie Hyperparameter zu setzen.

Am Ende lässt sich der ganze Trainingsprozess dadurch charakterisieren, dass man sich anschaut, wie der Verlust immer mehr abnimmt (wie in diesem Wolfram-Language-Fortschrittsmonitor für ein kleines Training[13]):

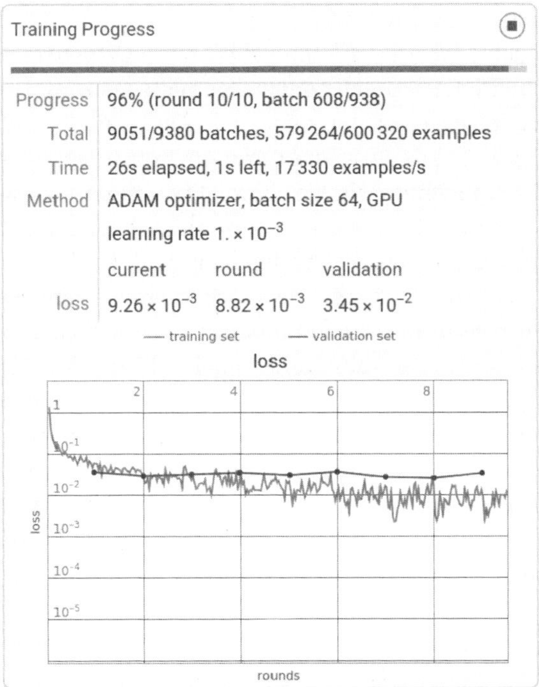

12 https://reference.wolfram.com/language/ref/CrossEntropyLossLayer.html

13 https://reference.wolfram.com/language/ref/NetTrain.html

Typischerweise sieht man, dass der Verlust für eine Weile abnimmt, sich dann aber irgendwann auf einem konstanten Wert einpendelt. Ist dieser Wert hinreichend klein, kann das Training als erfolgreich betrachtet werden; andernfalls ist es wahrscheinlich ein Zeichen dafür, dass man versuchen sollte, die Netzwerkarchitektur zu ändern.

Kann man sagen, wie lange es dauern sollte, bis die »Lernkurve« abflacht? Wie bei so vielen anderen Dingen scheint es ungefähre Skalierungsbeziehungen nach dem Potenzgesetz[14] zu geben, die von der Größe des neuronalen Netzes und der Menge der verwendeten Daten abhängen. Der allgemeine Schluss lautet, dass das Training eines neuronalen Netzes schwierig ist – und eine Menge Rechenaufwand erfordert. In praktischer Hinsicht besteht der größte Teil dieses Aufwands darin, Berechnungen auf Arrays von Zahlen auszuführen, wofür sich GPUs sehr gut eignen. Aus diesem Grund ist das Training neuronaler Netze typischerweise durch die Verfügbarkeit von GPUs begrenzt.

Wird es in der Zukunft fundamental bessere Möglichkeiten geben, neuronale Netze zu trainieren – oder ganz allgemein das zu tun, was neuronale Netze machen? Ziemlich sicher, denke ich. Die grundlegende Idee neuronaler Netze besteht darin, aus einer großen Anzahl einfacher (prinzipiell identischer) Komponenten ein flexibles »Datenverarbeitungsgewebe« zu erschaffen – und dieses »Gewebe« so einzurichten, dass es schrittweise verändert werden kann, um aus Beispielen zu lernen. In aktuellen neuronalen Netzen nutzt man im Prinzip die Ideen der Analysis – angewandt auf echte Zahlen –, um diese schrittweise Veränderung vorzunehmen. Es wird jedoch immer deutlicher, dass es keine Rolle spielt, ob man hochpräzise Zahlen hat; 8 Bit oder weniger können selbst mit aktuellen Methoden genug sein.

Bei Rechensystemen wie zellulären Automaten[15], die im Grunde genommen parallel an vielen einzelnen Bits arbeiten, war nie ganz klar, wie man diese Art von schrittweiser Modifizierung[16] durchführen kann. Es gibt allerdings keinen Grund anzunehmen, dass dies unmöglich sei. Tatsächlich könnte sich fast wie bei dem »Deep-Learning-Durchbruch von 2012«[17] her-

14 https://arxiv.org/pdf/2001.08361.pdf

15 https://www.wolframscience.com/nks/chap-2--the-crucial-experiment/#sect-2-1--how-do-simple-programs-behave

16 https://content.wolfram.com/uploads/sites/34/2020/07/approaches-complexity-engineering.pdf

17 https://en.wikipedia.org/wiki/AlexNet

ausstellen, dass solche schrittweisen Veränderungen bei komplizierteren Fällen tatsächlich einfacher zu erreichen sind als in einfachen Fällen.

Neuronale Netz sind – vermutlich ein bisschen wie Gehirne – so eingerichtet, dass sie prinzipiell ein festes Netz aus Neuronen bilden. Veränderlich ist die Stärke (»Gewicht«) der Verbindungen dazwischen. (Zumindest in jungen Gehirnen können wahrscheinlich auch völlig neue Verbindungen in bedeutsamer Anzahl neu entstehen.) Doch während das eine bequeme Konstellation für die Biologie sein mag, ist nicht ganz klar, ob dies auch nur annähernd der beste Weg ist, um die Funktionalität zu erreichen, die wir brauchen. Etwas wie das Äquivalent eines schrittweisen Umschreibens des Netzes (vielleicht vergleichbar unserem Physics Project[18]) könnte letztendlich besser sein.

Doch selbst im Rahmen der bestehenden neuronalen Netze gibt es momentan eine entscheidende Beschränkung: Zurzeit erfolgt das Training neuronaler Netze grundsätzlich sequenziell, das heißt, die Auswirkungen jeder Gruppe von Beispielen werden wieder zurück übertragen, um die Gewichte zu aktualisieren. Und bei der aktuellen Computerhardware – selbst wenn man berücksichtigt, dass GPUs benutzt werden – ist der größte Teil des neuronalen Netzes während des Trainings die meiste Zeit »untätig«, da immer nur ein Teil zu einem Zeitpunkt angepasst wird. In gewisser Weise liegt dies daran, dass es bei unseren aktuellen Computern üblicherweise eine Trennung von Speicher und CPUs (oder GPUs) gibt. Im Gehirn ist das mutmaßlich anders – jedes »Speicherelement« (d.h. Neuron) ist potenziell auch ein aktives Rechenelement. Wenn wir es schaffen könnten, unsere künftige Computerhardware auf diese Weise einzurichten, dann wäre es vielleicht möglich, viel effizienter zu trainieren.

18 https://www.wolframphysics.org/

8

»Sicher kann ein Netzwerk, das groß genug ist, alles!«

Die Fähigkeiten von etwas wie ChatGPT wirken so beeindruckend, dass man zu glauben beginnt, wenn man einfach »weitermachen« und immer größere neuronale Netze trainieren könnte, dann wären diese irgendwann in der Lage, einfach »alles zu tun«. Und wenn man sich mit Dingen befasst, die dem unmittelbaren menschlichen Denken leicht zugänglich sind, dann ist das möglicherweise tatsächlich der Fall. Allerdings lehren uns die letzten paar hundert Jahre der Wissenschaft, dass es Dinge gibt, die durch formelle Prozesse herausgefunden werden können, aber dem unmittelbaren menschlichen Denken dennoch nicht leicht zugänglich sind.

Ein großes Beispiel ist die nicht triviale Mathematik. Der allgemeine Fall ist in Wirklichkeit Berechnung. Und letztlich geht es um das Phänomen der rechnerischen Irreduzibilität[1] (»Computational Irreducibility«). Es gibt Berechnungen, von denen man annehmen würde, dass sie viele Schritte erfordern. Tatsächlich können sie jedoch auf etwas ziemlich Unmittelbares »reduziert« werden. Die Entdeckung der rechnerischen Irreduzibilität impliziert allerdings, dass sie nicht immer funktioniert. Stattdessen gibt es Prozesse – wahrscheinlich wie der unten gezeigte –, bei denen es nötig ist, dass man im Prinzip jeden Rechenschritt nachverfolgt, um festzustellen, was vor sich geht.

Die Art von Dingen, die wir normalerweise mit unseren Gehirnen erledigen, wird mutmaßlich speziell ausgewählt, um rechnerische Irreduzibilität zu vermeiden. Es erfordert besondere Mühe, mit dem Gehirn mathematische Berechnungen anzustellen. Und es ist in der Praxis größtenteils unmöglich, einfach so im Kopf die Schritte zu »durchdenken«, die ein nicht triviales Programm ausführt.

---

1 https://www.wolframscience.com/nks/chap-12--the-principle-of-computational-equivalence/#sect-12-6--computational-irreducibility

Natürlich haben wir dafür Computer. Und mit Computern können wir ohne Weiteres lange, rechnerisch irreduzierbare Dinge durchführen. Entscheidend ist, dass es im Allgemeinen keine Abkürzungen dafür gibt.

Ja, wir könnten jede Menge spezieller Beispiele dafür auswendig lernen, was in einem bestimmten Rechensystem geschieht. Und vielleicht könnten wir sogar einige (»rechnerisch reduzierbare«) Muster erkennen, die es uns erlauben würden, eine gewisse Verallgemeinerung vorzunehmen. Entscheidend ist jedoch, dass rechnerische Irreduzibilität bedeutet, dass wir niemals garantieren können, dass das Unerwartete nicht passiert – und nur durch das explizite Ausführen der Berechnung kann man sagen, was in einem bestimmten Fall tatsächlich geschieht.

Am Ende gibt es ganz einfach eine grundsätzliche Spannung zwischen Erlernbarkeit und rechnerischer Irreduzibilität. Lernen bedeutet im Prinzip, dass Daten komprimiert werden, indem man Gesetzmäßigkeiten ausnutzt.[2] Rechnerische Irreduzibilität hingegen impliziert, dass es letztendlich ein Limit dafür gibt, welche Gesetzmäßigkeiten es geben könnte.

In praktischer Hinsicht könnte man sich vorstellen, kleine Berechnungsgeräte – wie zelluläre Automaten oder Turing-Maschinen – in trainierbare Systeme wie neuronale Netze einzubauen. Und solche Geräte können tatsächlich als gute »Werkzeuge« für das neuronale Netz dienen – so wie Wolfram|Alpha ein gutes Werkzeug für ChatGPT sein kann.[3] Allerdings

2 https://www.wolframscience.com/nks/chap-10--processes-of-perception-and-analysis/

impliziert die rechnerische Irreduzibilität, dass man nicht erwarten kann, in diese Geräte »hineinzugehen« und sie dazu zu bringen zu lernen.

Oder anders ausgedrückt: Es gibt letztlich einen Konflikt zwischen Fähigkeit und Trainierbarkeit. Je mehr Sie wollen, dass ein System »wirklichen Gebrauch« von seinen Rechenfähigkeiten macht, desto stärker wird es seine rechnerische Irreduzibilität demonstrieren und umso weniger ist es trainierbar. Und je mehr es grundsätzlich trainierbar ist, desto weniger wird es in der Lage sein, raffinierte Berechnungen auszuführen.

(Für ChatGPT in seinem aktuellen Zustand ist die Lage tatsächlich noch extremer, weil das neuronale Netz, das benutzt wird, um die einzelnen Brocken der Ausgabe zu generieren, ein reines »Feedforward«-Netz ist, also ohne Schleifen, und es daher nicht in der Lage ist, irgendeine Art von Berechnung mit einem nicht trivialen »Kontrollfluss« auszuführen.)

Natürlich könnte man sich fragen, ob es wirklich wichtig ist, irreduzierbare Berechnungen ausführen zu können. Und tatsächlich war dies für einen großen Teil der menschlichen Geschichte nicht besonders wichtig. Unsere moderne Welt jedoch baut auf Ingenieurtechnik auf, die zumindest mathematische – und zunehmend auch allgemeinere – Berechnungen nutzt. Und wenn wir uns in der Natur umschauen, dann stellen wir fest, dass sie voll von irreduzierbaren Berechnungen ist[4] – die wir langsam nachzuahmen und für unsere technischen Zwecke zu nutzen beginnen.

Ja, ein neuronales Netz kann sicher die Arten von Gesetzmäßigkeiten in der natürlichen Welt erkennen, die wir relativ problemlos »ohne Hilfe mit menschlichem Denken« bemerken. Falls wir uns aber Dinge erarbeiten wollen, die im Geltungsbereich der Mathematik oder Computerwissenschaft liegen, wird das neuronale Netz das nicht schaffen – es sei denn, es »benutzt als Werkzeug« tatsächlich ein »normales« Rechensystem.

Die ganze Sache hat jedoch etwas potenziell Verwirrendes an sich. In der Vergangenheit gab es eine Menge Aufgaben – darunter auch das Schreiben von Essays –, die wir für irgendwie »grundsätzlich zu schwer« für Computer gehalten haben. Nachdem wir nun aber sehen, dass sie von ChatGPT und Konsorten erledigt werden, neigen wir zu der Überzeugung, dass Computer auf einmal deutlich leistungsfähiger geworden sind – speziell, dass sie über

3 https://writings.stephenwolfram.com/2023/01/wolframalpha-as-the-way-to-bring-computational-knowledge-superpowers-to-chatgpt/

4 https://www.wolframscience.com/nks/chap-8--implications-for-everyday-systems/

das hinausgehen, was sie eigentlich grundsätzlich bereits konnten (wie das stufenweise Berechnen des Verhaltens von Rechensystemen wie zellulären Automaten).

Dabei ist das nicht die richtige Schlussfolgerung. Rechnerisch irreduzierbare Prozesse sind weiterhin rechnerisch irreduzierbar. Und sie sind auch weiterhin schwer für Computer – selbst wenn die Computer deren einzelne Schritte recht leicht berechnen können. Stattdessen sollten wir zu dem Schluss kommen, dass Aufgaben – wie das Schreiben von Essays –, von denen wir glaubten, dass wir sie erledigen könnten, die Computer dagegen nicht, in gewisser Weise rechnerisch leichter sind, als wir dachten.

Mit anderen Worten, der Grund, weshalb ein neuronales Netz erfolgreich einen Essay schreiben kann, liegt darin, dass das Schreiben eines Essays offensichtlich ein »rechnerisch flacheres« Problem ist, als wir vermutet hätten. Und das bringt uns gewissermaßen näher daran, »eine Theorie dafür aufzustellen«, wie Menschen es schaffen, Essays zu schreiben oder generell mit Sprache zurechtzukommen.

Mit einem ausreichend großen neuronalen Netz könnte man tatsächlich in der Lage sein, alles zu tun, was Menschen ohne Weiteres machen. Man würde aber nicht das bewältigen, was die natürliche Welt im Allgemeinen kann – oder was die Werkzeuge können, die wir aus der natürlichen Welt geschaffen haben. Es ist die Verwendung dieser Werkzeuge – sowohl der praktischen als auch der konzeptuellen –, die es uns in den letzten Jahrhunderten erlaubt hat, die Grenzen dessen zu überschreiten, was dem »reinen, ohne Hilfe agierenden menschlichen Denken« zugänglich war und für die menschlichen Zwecke mehr von dem auszunutzen, was im physischen und rechnerischen Universum vorhanden ist.

9

Das Konzept der Einbettung

Neuronale Netze basieren – zumindest so, wie sie momentan aufgebaut sind – grundsätzlich auf Zahlen. Falls Sie sie also dafür benutzen möchten, um an so etwas wie Text zu arbeiten, brauchen Sie eine Methode, um Ihren Text mit Zahlen auszudrücken.[1] Sicherlich könnten Sie zunächst (wie ChatGPT es prinzipiell macht) jedem Wort im Wörterbuch eine Zahl zuweisen. Es gibt allerdings ein wichtiges Konzept – das zum Beispiel für ChatGPT ganz entscheidend ist –, das noch darüber hinausgeht. Und das ist das Konzept der »Einbettung«. Man kann sich eine Einbettung als eine Methode vorstellen, mit der man versucht, die »Essenz« von etwas durch ein Array von Zahlen darzustellen – mit der Eigenschaft, dass »benachbarte Dinge« durch benachbarte Zahlen repräsentiert werden.

Und so können Sie sich zum Beispiel eine Worteinbettung so vorstellen, dass versucht wird, Wörter in einer Art »Bedeutungsraum« anzuordnen,[2] in dem Wörter, die irgendwie »benachbarte Bedeutungen« besitzen, auch in der Einbettung nahe beieinanderliegen. Die tatsächlich verwendeten Einbettungen – etwa in ChatGPT – nutzen oft große Listen aus Zahlen. Wenn Sie das aber einmal im zweidimensionalen Raum abbilden, können Sie sich beispielhaft anschauen, wie die Wörter durch die Einbettung angeordnet werden:

1 https://reference.wolfram.com/language/guide/NetEncoderDecoder.html
2 https://reference.wolfram.com/language/ref/FeatureSpacePlot.html

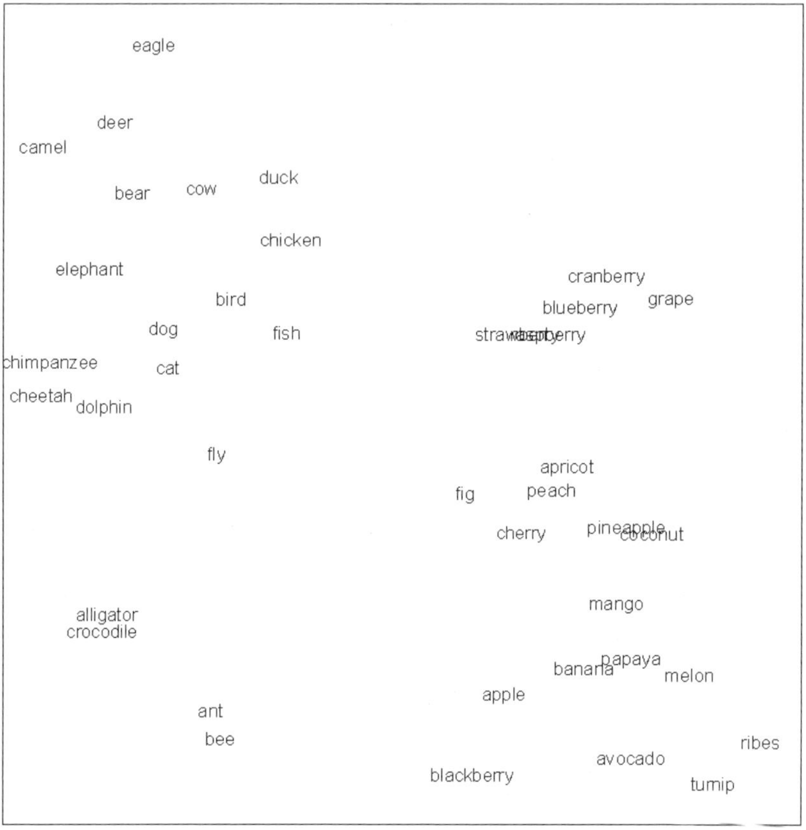

Dieses Gebilde eignet sich bemerkenswert gut, um typische Alltagseindrücke festzuhalten. Doch wie können Sie eine solche Einbettung konstruieren? Der Grundgedanke ist, grob gesagt, sich riesige Textmengen anzuschauen (hier sind es fünf Milliarden Wörter aus dem Web) und festzustellen, »wie ähnlich« die »Umgebungen« sind, in denen unterschiedliche Wörter auftauchen. So werden zum Beispiel »alligator« und »crocodile« in ansonsten ähnlichen Sätzen nahezu synonym verwendet, was bedeutet, dass sie in der Einbettung nahe beieinanderliegen. Dagegen tauchen »turnip« (Rübe) und »eagle« (Adler) nicht in ansonsten ähnlichen Sätzen auf, sodass sie in der Einbettung weit entfernt voneinander liegen.

Wie implementiert man so etwas nun mithilfe von neuronalen Netzen? Reden wir zuerst einmal nicht über Einbettungen für Wörter, sondern für

Bilder. Sie möchten eine Möglichkeit finden, um Bilder durch Zahlenlisten so zu charakterisieren, dass »Bilder, die Sie als ähnlich ansehen«, ähnlichen Listen mit Zahlen zugewiesen werden.

Woran erkennen Sie, ob Sie »Bilder als ähnlich ansehen« sollten? Falls es sich bei den Bildern zum Beispiel um handgeschriebene Ziffern handelt, könnten Sie »zwei Bilder als ähnlich ansehen«, wenn sie dieselbe Ziffer darstellen. Wir haben bereits ein neuronales Netz diskutiert, das darauf trainiert war, handgeschriebene Ziffern zu erkennen. Nehmen Sie nun einfach an, dass dieses neuronale Netz so eingerichtet ist, dass es bei seiner Ausgabe die Bilder in zehn verschiedene Kästen legt, also einen für jede Ziffer.

Was wäre aber, wenn Sie »abfangen«, was im neuronalen Netz vor sich geht, bevor die endgültige Entscheidung »es ist eine 4« gefallen ist? Vermutlich erwarten Sie, dass es innerhalb des neuronalen Netzes Zahlen gibt, die Bilder als »eigentlich wie eine 4, aber auch ein bisschen wie eine 2« oder so ähnlich charakterisieren. Die Idee ist nun, diese Zahlen als Elemente in einer Einbettung zu benutzen.

Hier ist das Konzept: Anstatt direkt zu versuchen zu charakterisieren, »welches Bild ist welchem anderen Bild benachbart«, betrachten Sie lieber eine wohldefinierte Aufgabe (in diesem Fall die Ziffernerkennung), für die Sie explizite Trainingsdaten bekommen können – und nutzen dann die Tatsache aus, dass das neuronale Netz beim Erledigen dieser Aufgabe implizit so eine Art »Nähe-Entscheidungen« fällen muss. Anstatt also ausdrücklich über die »Nähe von Bildern« sprechen zu müssen, sprechen Sie nun einfach über die konkrete Frage, welche Ziffer ein Bild repräsentiert, und »überlassen es dann dem neuronalen Netz«, implizit festzustellen, was dies über die »Nähe von Bildern« impliziert.

Wie funktioniert das nun im Einzelnen für das Netz zur Ziffernerkennung? Das Netz besteht aus elf aufeinanderfolgenden Schichten, die sich als Symbole darstellen lassen (die Aktivierungsfunktionen sind als eigene Schichten dargestellt):

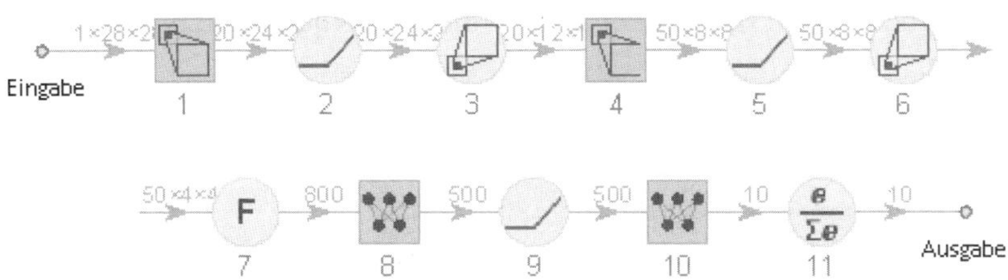

Am Anfang führen Sie der ersten Schicht Bilder zu. Diese sind als zweidimensionale Arrays von Pixelwerten dargestellt. Aus der letzten Schicht am Ende erhalten Sie dann ein Array aus zehn Werten, die Ihnen im Prinzip sagen, »wie sicher« das Netzwerk ist, dass das Bild einer der Ziffern von 0 bis 9 entspricht.

Wenn Sie das Bild  eingeben, erhalten Sie für die Neuronen auf der letzten Schicht diese Werte:

```
{1.42071×10^-22, 7.69857×10^-14, 1.9653×10^-16, 5.55229×10^-21, 1.,
8.33841×10^-14, 6.89742×10^-17, 6.52282×10^-19, 6.51465×10^-12,
1.97509×10^-14}
```

Mit anderen Worten, das neuronale Netz ist an dieser Stelle »unglaublich sicher«, dass dieses Bild eine 4 ist – und um tatsächlich die Ausgabe »4« zu erhalten, müssen Sie einfach nur die Position des Neurons mit dem höchsten Wert auswählen.

Was wäre aber gewesen, wenn Sie einen Schritt früher nachgeschaut hätten? Die allerletzte Operation im Netz ist ein sogenanntes Softmax[3], das versucht, »Sicherheit zu erzwingen«. Bevor dies angewandt wurde, sahen die Werte der Neuronen so aus:

```
{-26.134, -6.02347, -11.994, -22.4684, 24.1717, -5.94363,
-13.0411, -17.7021, -1.58528, -7.38389}
```

Das Neuron, das »4« repräsentiert, hat immer noch den höchsten numerischen Wert. Aber auch in den Werten der anderen Neuronen sind Informationen zu finden. Und Sie können erwarten, dass diese Liste aus Zahlen in gewisser Weise benutzt werden kann, um die »Essenz« des Bilds zu charakterisieren – und damit etwas zu bieten, das als Einbettung verwendet werden kann. So besitzt zum Beispiel jede der Vieren hier eine etwas andere »Signatur« (oder »Merkmalseinbettung«) – die jeweils ganz anders ist als bei den Achten:

3 https://reference.wolfram.com/language/ref/SoftmaxLayer.html

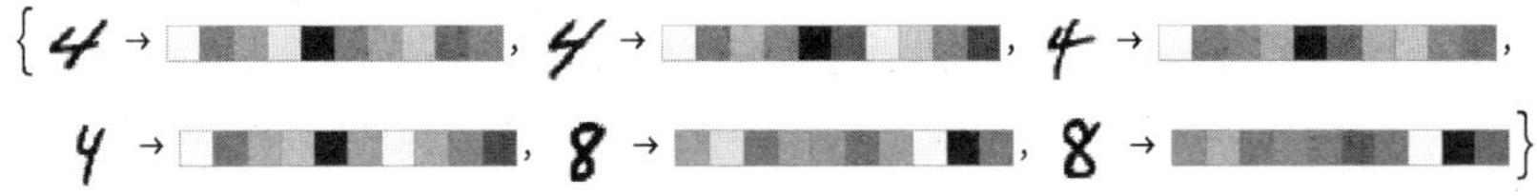

Hier kommen im Prinzip zehn Zahlen zum Einsatz, um die Bilder zu charakterisieren. Oft ist es jedoch besser, viel mehr Zahlen zu verwenden. So können Sie zum Beispiel in Ihrem Ziffern-Erkennungsnetz ein Array aus 500 Zahlen bekommen, wenn Sie auf die vorhergehende Schicht zurückgreifen. Das ist dann vermutlich auch ein sinnvolles Array für eine »Bildeinbettung«.

Falls Sie eine explizite Visualisierung des »Bildraums« für handgeschriebene Ziffern herstellen wollen, müssen Sie die »Dimension reduzieren«, indem Sie im Prinzip den 500-dimensionalen Vektor, den Sie erhalten, zum Beispiel in den dreidimensionalen Raum projizieren:

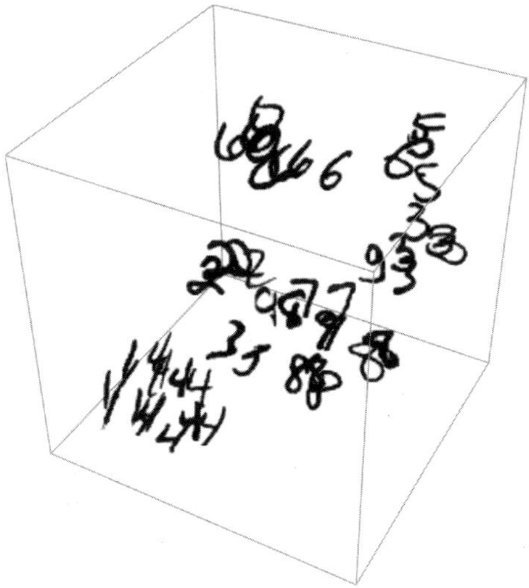

Wir haben gerade über das Erstellen einer Charakterisierung (und damit Einbettung) für Bilder gesprochen, die im Prinzip auf dem Identifizieren von Ähnlichkeiten zwischen den Bildern beruht, indem man feststellt, ob sie (entsprechend unserem Trainingsdatensatz) zu derselben handgeschriebenen Ziffer gehören. Und dasselbe können Sie viel allgemeiner für Bilder machen, wenn Sie einen Trainingsdatensatz haben, der zum Beispiel identifiziert, zu welchen der 5000 gebräuchlichen Typen von Objekt (Katze, Hund, Stuhl, ...) die einzelnen Bilder gehören. Auf diese Weise können Sie eine Bildeinbettung erstellen, die durch Ihre Identifizierung gebräuchlicher Objekte »verankert« ist, aber dann entsprechend dem Verhalten des neuronalen Netzes »darum herum generalisiert«. Sofern dieses Verhalten mit dem übereinstimmt, wie wir Menschen Bilder wahrnehmen und interpretieren, wird dies am Ende eine Einbettung ergeben, die »uns richtig erscheint«, und in der Praxis nützlich beim Durchführen von Aufgaben mit einer »Bewertung, wie wir Menschen sie vornehmen«, sein könnte.

Wie lässt sich nun dieser Ansatz nutzen, um Einbettungen für Wörter zu finden? Der Schlüssel liegt darin, von einer Aufgabe über Wörter auszugehen, für die sich leicht ein Training durchführen lässt. Der Standardfall für eine solche Aufgabe ist das »Vorhersagen von Wörtern«. Stellen Sie sich vor, es wird »the ____ cat« vorgegeben. Mit welchen Wahrscheinlichkeiten lassen sich Wörter finden, um die Lücke zu füllen, wenn Sie einen großen Textkorpus (zum Beispiel den Textinhalt des Webs) zugrunde legen? Welche Wahrscheinlichkeiten hätten »flankierende Wörter«, wenn die Vorgabe »____ black ____« lautet?

Wie bereitet man dieses Problem für ein neuronales Netz auf? Letztendlich müssen Sie alles in Zahlen ausdrücken. Eine Möglichkeit hierfür wäre, jedem der ungefähr 50.000 gebräuchlichen Wörter der englischen Sprache eine eindeutige Zahl zuzuweisen. So könnte zum Beispiel »the« 914 sein und » cat« (mit einem Leerzeichen davor) wäre 3542. (Dies sind tatsächliche Werte, die von GPT-2 verwendet werden.) Für das »the ____ cat«-Problem könnte die Eingabe {914, 3542} sein. Wie sollte die Ausgabe aussehen? Es sollte eine Liste von ungefähr 50.000 Zahlen geben, die im Prinzip die Wahrscheinlichkeiten für jedes der möglichen »Füllwörter« vorgibt. Und auch hier wollen Sie, um eine Einbettung zu finden, das »Innere« des neuronalen Netzes »abfangen«, bevor es »zu seiner Schlussfolgerung kommt« – und dann die Liste der Zahlen nehmen, die dort auftritt und die man sich als »Charakterisierung jedes Wortes« vorstellen kann.

Welche Form haben diese Charakterisierungen? Im Laufe der letzten zehn Jahre wurde eine ganze Reihe unterschiedlicher Systeme entwickelt (word2vec[4], GloVe[5], BERT[6], GPT[7], ...), die jeweils einen anderen Ansatz bei

4 https://resources.wolframcloud.com/NeuralNetRepository/resources/ConceptNet-Numberbatch-Word-Vectors-V17.06/

ihren neuronalen Netzen verfolgen. Alle jedoch nehmen letztlich Wörter und charakterisieren diese anhand von Listen aus Hunderttausenden von Zahlen.

In ihrer Rohform sind diese »Einbettungsvektoren« nicht besonders aussagekräftig. Hier sehen Sie zum Beispiel, was GPT-2 als rohe Einbettungsvektoren für drei spezielle Wörter erzeugt:

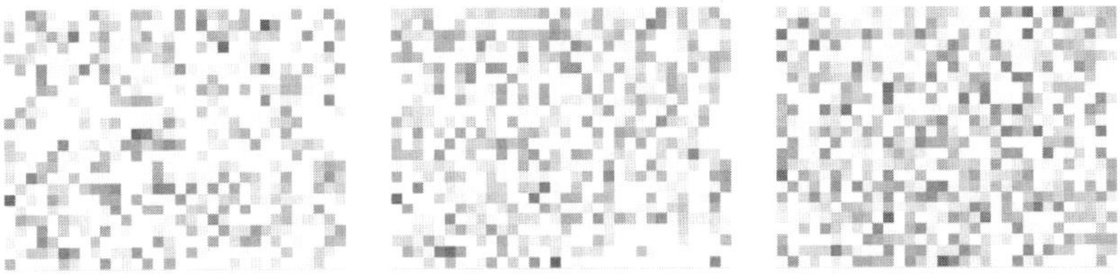

cat dog chair

Misst man beispielsweise die Abstände zwischen diesen Vektoren, findet man so etwas wie die »Nähe« der Wörter. Wir werden später noch genauer besprechen, was man als »kognitive« Signifikanz solcher Einbettungen bezeichnen könnte. Für den Augenblick ist der entscheidende Punkt, dass wir eine Möglichkeit haben, Wörter sinnvoll in »Neuronales-Netz-freundliche« Sammlungen von Zahlen zu verwandeln.

Tatsächlich kann man aber noch weiter gehen, als Wörter nur anhand von Zahlensammlungen zu charakterisieren: Man kann dies auch für Wortfolgen oder ganze Textblöcke machen. Und genau das tut ChatGPT in seinem Inneren. Es nimmt den Text, den es bisher hat, und generiert einen Einbettungsvektor, um ihn zu repräsentieren. Sein Ziel ist es dann, die Wahrscheinlichkeiten für verschiedene Wörter zu finden, die als Nächstes auftreten könnten. Und es stellt seine Antwort darauf als eine Liste von Zahlen dar, die im Prinzip die Wahrscheinlichkeiten für die ungefähr 50.000 möglichen Wörter angeben.

5 https://resources.wolframcloud.com/NeuralNetRepository/search/?i=GloVe

6 https://resources.wolframcloud.com/NeuralNetRepository/search/?i=BERT

7 https://resources.wolframcloud.com/NeuralNetRepository/resources/GPT2-Transformer-Trained-on-WebText-Data/

(Streng genommen befasst sich ChatGPT nicht mit Wörtern, sondern mit »Token«[8] – bequemen linguistischen Einheiten, bei denen es sich um ganze Wörter oder auch nur um Teile von Wörtern handeln kann, wie »pre« oder »ing« oder »ized«. Das Arbeiten mit Token erleichtert ChatGPT den Umgang mit seltenen, zusammengesetzten und nicht englischen Wörtern sowie manchmal das Erfinden neuer Wörter, wie gut oder schlecht das auch funktionieren mag.)

8 https://platform.openai.com/tokenizer

10

ChatGPT von innen betrachtet

Wir sind nun bereit, uns das Innenleben von ChatGPT genauer anzuschauen. Genau genommen handelt es sich um ein riesiges neuronales Netz – momentan eine Version des sogenannten GPT-3-Netzes mit 175 Milliarden Gewichten. In vielerlei Hinsicht ähnelt es den bereits behandelten neuronalen Netzen. Allerdings ist ChatGPT speziell für den Umgang mit Sprache konstruiert. Sein bemerkenswertestes Kennzeichen ist ein Stück neuronaler Netzwerkarchitektur namens »Transformer« (übrigens das »T« in GPT – Generative Pretrained Transformer).

In den ersten neuronalen Netzen, die wir besprochen haben, war jedes Neuron auf einer bestimmten Schicht mit jedem Neuron der vorhergehenden Schicht verbunden (egal, wie klein das Gewicht auch sein mochte). Allerdings ist diese Art von vollständig verbundenem Netz (vermutlich) völlig übertrieben, wenn man mit Daten arbeitet, die eine spezielle, bekannte Struktur haben. Und daher werden zum Beispiel in den frühen Stadien des Umgangs mit Bildern üblicherweise sogenannte Konvolutionsnetze (Convolutional Networks, CNNs)[1] verwendet, in denen die Neuronen analog den Pixeln im Bild in einer Art Gitter angeordnet und nur mit den benachbarten Neuronen im Gitter verbunden sind.

Die Transformer sollen zunächst etwas machen, das vergleichbar den Token-Sequenzen ist, aus denen ein Textteil besteht. Anstatt jedoch einfach eine feste Region in der Sequenz zu definieren, über die es dann Verbindungen geben kann, führen Transformer das Prinzip von »Aufmerksamkeit« ein – und die Vorstellung, einigen Teilen der Sequenz mehr »Aufmerksamkeit zu schenken« als anderen. Eines Tages wird es vielleicht sinnvoll sein, einfach ein generisches neuronales Netz zu starten und die ganze Anpas-

1 https://reference.wolfram.com/language/ref/ConvolutionLayer.html

sung über das Training vorzunehmen. Zumindest im Moment jedoch scheint es in der Praxis wichtig zu sein, die Dinge zu »modularisieren« – wie es die Transformer und wahrscheinlich auch unsere Gehirne machen.

Was genau macht nun aber ChatGPT (oder genauer gesagt, das GPT-3-Netzwerk, auf dem es beruht)? Sie erinnern sich, dass sein Hauptziel darin besteht, Text auf »vernünftige« Weise fortzusetzen, und zwar basierend auf dem, was es von seinem Training kennt (das darin besteht, sich Milliarden Seiten an Text aus dem Web usw. anzuschauen). Irgendwann also hat es eine bestimmte Menge an Text – und das Ziel, eine passende Auswahl für das nächste hinzuzufügende Token zu treffen.

Dazu geht es in drei Stufen vor. Zuerst nimmt es die Sequenz der Token, die dem bisherigen Text entspricht, und sucht eine Einbettung (d.h. ein Array von Zahlen), die diese repräsentiert. Dann arbeitet es mit dieser Einbettung weiter – in der »normalen Art eines neuronalen Netzes« mit Werten, die sich durch aufeinanderfolgende Schichten in einem Netz ausbreiten –, um eine neue Einbettung zu erzeugen (d.h. ein neues Array von Zahlen). Dann nimmt es den letzten Teil dieses Arrays und generiert daraus ein Array aus etwa 50.000 Werten, die sich in die Wahrscheinlichkeiten für die verschiedenen möglichen nächsten Token verwandeln. (Und ja, es wird tatsächlich ungefähr die gleiche Anzahl an Token verwendet, wie es gebräuchliche Wörter in der englischen Sprache gibt. Allerdings sind nur etwa 3.000 der Token auch wirklich ganze Wörter; der Rest sind Fragmente.)

Ein wichtiger Punkt ist, dass jeder Teil dieser Pipeline durch ein neuronales Netz implementiert wird, dessen Gewichte durch ein Ende-zu-Ende-Training des Netzes bestimmt werden. Mit anderen Worten, im Prinzip ist nichts bis auf die Gesamtarchitektur »ausdrücklich konstruiert«, alles wird einfach aus Trainingsdaten »gelernt«.

Es gibt jedoch eine Menge Details darüber, wie die Architektur eingerichtet ist – diese spiegeln alle möglichen Erfahrungen mit neuronalen Netzen und den Kenntnissen über sie wider. Und – auch wenn das sehr weit in die Tiefe geht – ich denke, dass es sinnvoll ist, über einige dieser Details zu sprechen, nicht zuletzt, um ein Gefühl dafür zu entwickeln, was es bedeutet, etwas wie ChatGPT zu bauen.

Zuerst kommt das Einbettungsmodul. Hier ist eine schematische Wolfram-Language-Darstellung dafür in GPT-2:

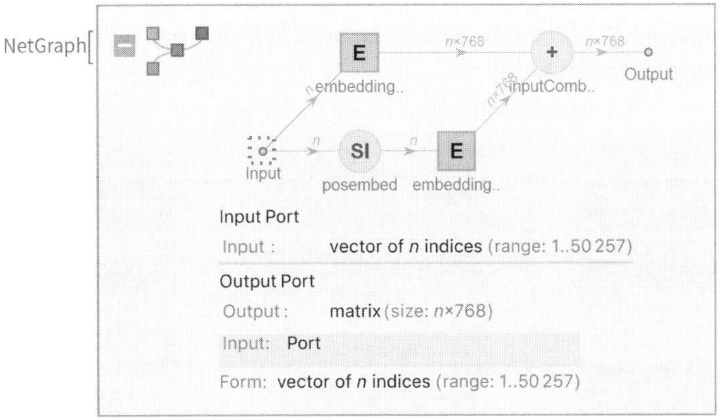

Die Eingabe ist ein Vektor aus *n* Token[2] (dargestellt wie im vorherigen Abschnitt durch Ganzzahlen [Integers] von 1 bis ungefähr 50.000). Jedes dieser Token wird (durch ein neuronales Netz mit nur einer Schicht)[3] in einen Einbettungsvektor umgewandelt (dieser hat für GPT-2 die Länge 768 und für GPT-3 von ChatGPT die Länge 12.288). Derweil gibt es einen »sekundären Weg«, der die Sequenz der (Integer) Positionen[4] für die Token entgegennimmt und aus diesen Integer-Werten einen weiteren Einbettungsvektor erzeugt. Schließlich werden die Einbettungsvektoren aus dem Token-Wert und der Token-Position addiert[5] – um die letztliche Sequenz der Einbettungsvektoren aus dem Einbettungsmodul herzustellen.

Warum addiert man eigentlich die Token-Wert- und die Token-Position-Einbettungsvektoren? Ich denke nicht, dass dahinter irgendeine spezielle wissenschaftliche Grundlage steckt. Es wurden einfach nur verschiedene Dinge ausprobiert und dieses scheint zu funktionieren. Und es gehört zum allgemeinen Kenntnisstand in Bezug auf neuronale Netze, dass es normalerweise möglich ist, die Details über ausreichend Training festzulegen, solange das Setup »ungefähr stimmt«. Es ist nicht unbedingt nötig, »auf technischer Ebene zu verstehen«, wie genau das neuronale Netz es schafft, sich selbst zu konfigurieren.

2 `https://reference.wolfram.com/language/ref/netencoder/SubwordTokens.html`
3 `https://reference.wolfram.com/language/ref/EmbeddingLayer.html`
4 `https://reference.wolfram.com/language/ref/SequenceIndicesLayer.html`
5 `https://reference.wolfram.com/language/ref/ThreadingLayer.html`

Hier sehen Sie, was das Einbettungsmodul macht, wenn es auf den String *hello hello hello hello hello hello hello hello hello hello bye bye bye bye bye bye bye bye bye* angewandt wird:

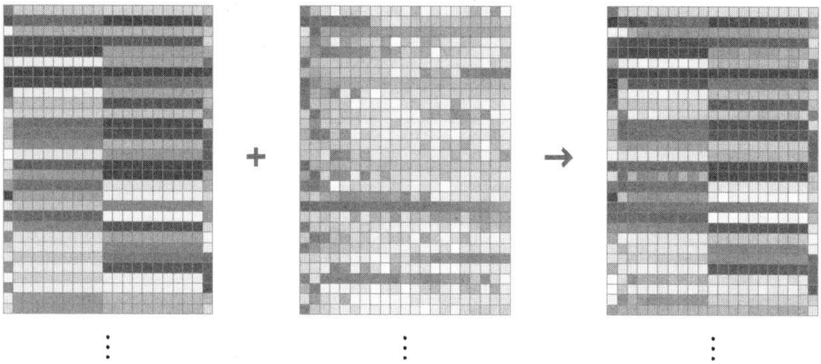

Die Elemente des Einbettungsvektors für jedes Token werden von oben nach unten angezeigt. Von links nach rechts sehen Sie zuerst einen Durchlauf der »*hello*«-Einbettungen, gefolgt von einem Durchlauf der »*bye*«-Einbettungen. Das zweite Array oben ist die positionsbezogene Einbettung – wobei ihre ein wenig beliebig aussehende Struktur einfach nur ausdrückt, »was gerade so gelernt wurde« (in diesem Fall in GPT-2).

Nach dem Einbettungsmodul kommt das »Hauptereignis« des Transformers: Eine Sequenz der sogenannten »Aufmerksamkeitsblöcke« (12 für GPT-2, 96 für GPT-3 von ChatGPT). Das ist alles ziemlich kompliziert – und erinnert an typische große und schwer zu verstehende technische oder auch biologische Systeme. Nichtsdestotrotz sehen Sie hier eine schematische Darstellung eines einzelnen »Aufmerksamkeitsblocks« (für GPT-2):

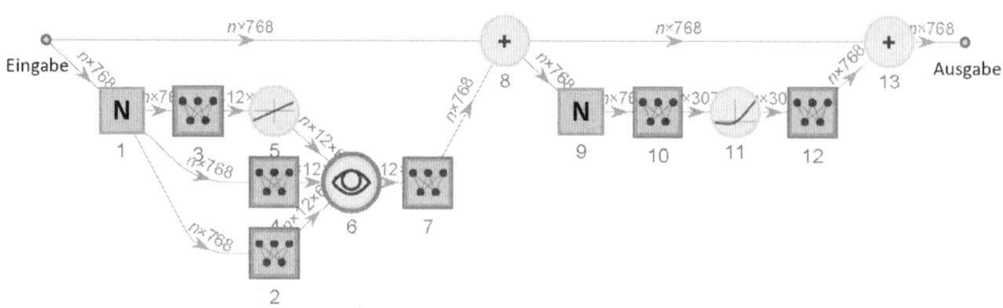

Innerhalb jedes dieser Aufmerksamkeitsblöcke gibt es eine Sammlung von »Aufmerksamkeitsköpfen« (Attention Heads) (12 für GPT-2, 96 für GPT-3 von ChatGPT) – die jeweils unabhängig voneinander auf unterschiedlichen Chunks aus Werten im Einbettungsvektor operieren. (Und ja, es ist kein besonderer Grund bekannt, weshalb es eigentlich eine gute Idee ist, den Einbettungsvektor aufzuteilen, oder was die unterschiedlichen Teile »bedeuten«; es ist einfach eines dieser Dinge, die »zu funktionieren scheinen«.)

Was genau machen die Aufmerksamkeitsköpfe? Im Grunde genommen stellen sie einen Weg dar, um auf die Token-Sequenz (d.h. auf den bisher erzeugten Text) »zurückzublicken« und »die Vergangenheit in einer Form zu verpacken«, die dabei hilft, das nächste Token zu ermitteln. Im ersten Abschnitt sprachen wir darüber, wie sich 2-Gramm-Wahrscheinlichkeiten verwenden lassen, um Wörter basierend auf ihren unmittelbaren Vorgängern auszuwählen.[6] Der »Aufmerksamkeits«-Mechanismus in Transformern erlaubt es nun, selbst viel früheren Wörtern »Aufmerksamkeit zuzuwenden« – und damit potenziell die Art und Weise zu erfassen, wie zum Beispiel ein Verb sich auf Substantive bezieht, die viele Wörter zuvor in einem Satz aufgetaucht sind.

Etwas ausführlicher ausgedrückt, besteht die Aufgabe eines Aufmerksamkeitskopfes darin, die mit verschiedenen Token assoziierten Chunks in den Einbettungsvektoren mit bestimmten Gewichten neu zu kombinieren. Und so haben zum Beispiel die zwölf Aufmerksamkeitsköpfe im ersten Aufmerksamkeitsblock (in GPT-2) die folgenden (»blick-ganz-zurück-an-den-Anfang-der-Sequenz-aus-Token«) Muster aus »Rekombinierungsgewichten« für den oben gezeigten »*hello, bye*«-String:

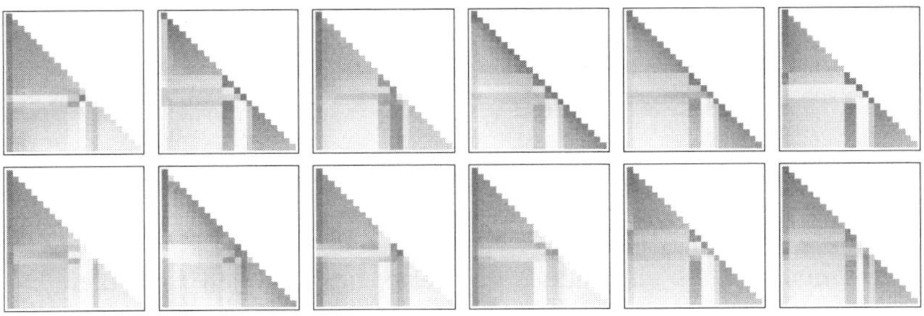

6 https://writings.stephenwolfram.com/2023/02/what-is-chatgpt-doing-and-why-does-it-work/#its-just-adding-one-word-at-a-time

Nachdem er von den Aufmerksamkeitsköpfen verarbeitet wurde, wird der »neu gewichtete Einbettungsvektor« (mit der Länge 768 für GPT-2 und der Länge 12.288 für GPT-3 von ChatGPT) durch eine normale, »vollständig verbundene« Schicht eines neuronalen Netzes geleitet. Es ist schwer zu sagen, was diese Schicht macht. Hier ist jedoch eine grafische Darstellung der 768×768-Matrix der verwendeten Gewichte (hier für GPT-2):

Nimmt man 64×64 gleitende Mittelwerte, beginnt sich eine (zufällige) Struktur herauszubilden:

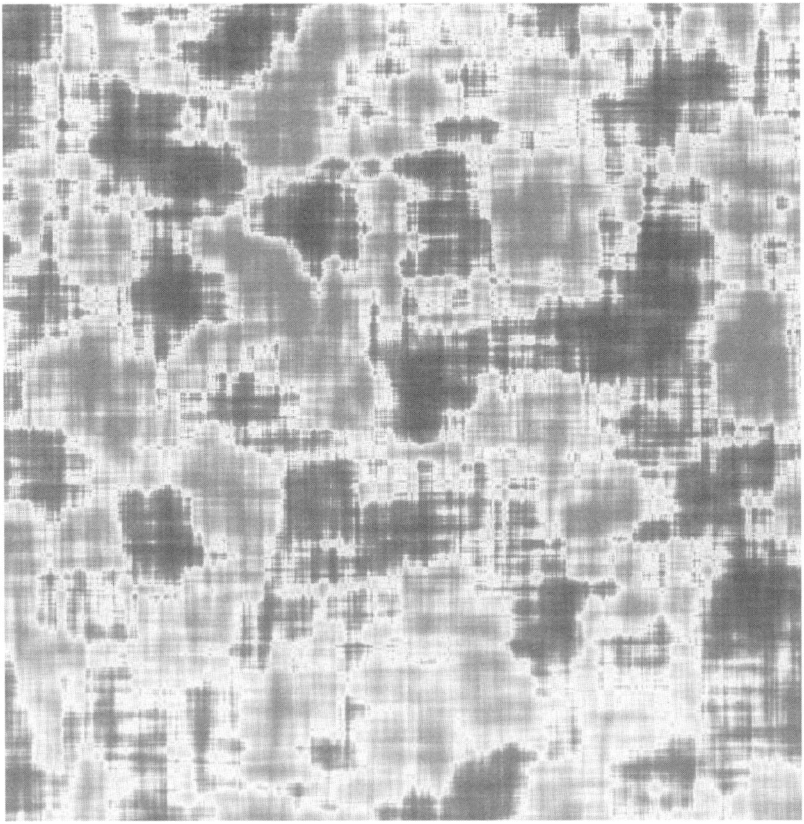

Was sagt uns diese Struktur? Letztendlich ist es mutmaßlich eine »neuronale Codierung« von Eigenarten der menschlichen Sprache. Welche Eigenarten dies jedoch sind, ist unbekannt. Im Prinzip »öffnen wir das Gehirn von ChatGPT« (oder zumindest von GPT-2) und stellen fest, dass es kompliziert darin ist und wir es nicht verstehen – auch wenn es am Ende erkennbare menschliche Sprache erzeugt.

Nachdem ein Aufmerksamkeitsblock durchlaufen wurde, hat man nun einen neuen Einbettungsvektor, der dann nacheinander durch weitere Aufmerksamkeitsblöcke hindurchgereicht wird (insgesamt 12 für GPT-2, 96 für GPT-3). Jeder Aufmerksamkeitsblock besitzt sein eigenes Muster aus »Aufmerksamkeit« und »vollständig verbundenen« Gewichten. Hier sehen Sie am Beispiel von GPT-2 die Abfolge der Aufmerksamkeitsgewichte für die Eingabe »*hello, bye*« für den ersten Aufmerksamkeitskopf:

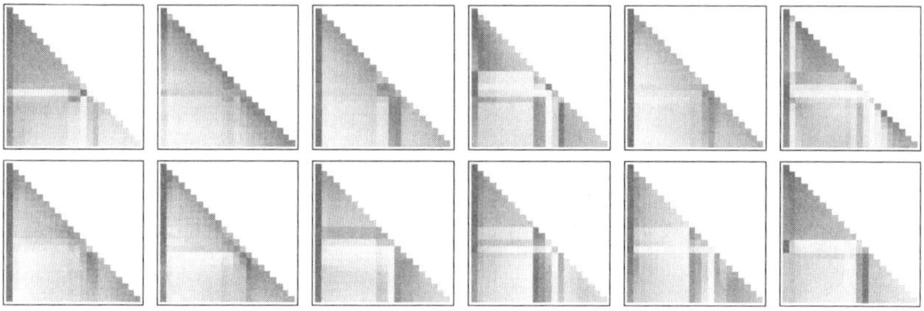

Und hier sind die »Matrizen« (mit gleitenden Mittelwerten) für die vollständig verbundenen Schichten:

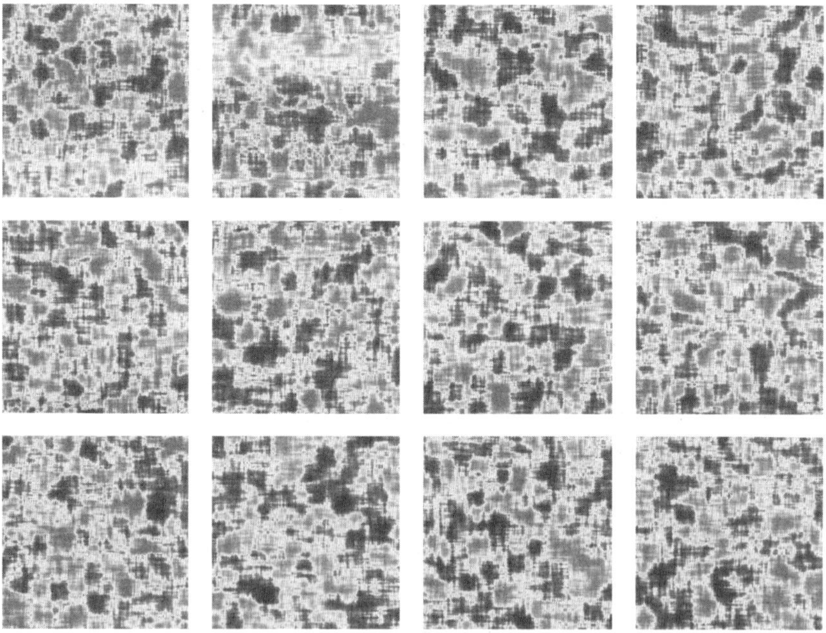

Seltsamerweise sehen diese »Gewichtsmatrizen« in unterschiedlichen Aufmerksamkeitsblöcken zwar recht ähnlich aus, dennoch können die Verteilungen der Größen der Gewichte verschieden ausfallen (und sind nicht immer gaußförmig):

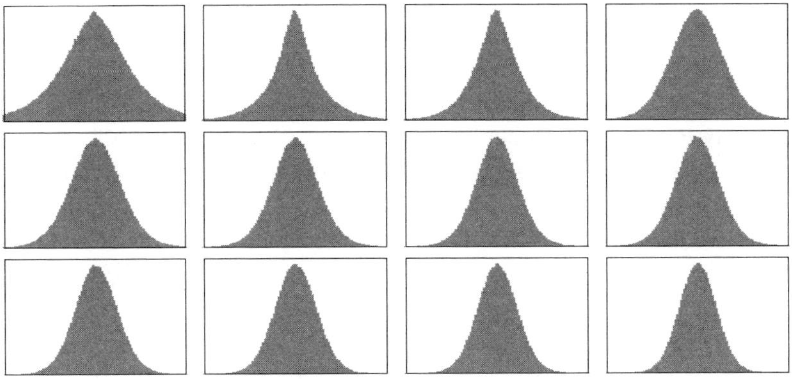

Was ist nun das Endergebnis des Transformers, nachdem all diese Aufmerksamkeitsblöcke durchlaufen wurden? Seine Aufgabe besteht im Prinzip darin, die ursprüngliche Sammlung der Einbettungen für die Abfolge von Token in eine endgültige Sammlung umzuwandeln. ChatGPT funktioniert in der Art, dass es anschließend die letzte Einbettung in dieser Sammlung auswählt und sie »decodiert«, um eine Liste aus Wahrscheinlichkeiten für das nächste Token zu erzeugen.

Jetzt wissen Sie grob, wie es in ChatGPT aussieht. Es mag kompliziert erscheinen (nicht zuletzt wegen der vielen irgendwie zufälligen und beliebigen »technischen Entscheidungen«), doch die letztlich beteiligten Elemente sind tatsächlich bemerkenswert simpel. Schließlich handelt es sich ja doch »nur« um ein neuronales Netz aus »künstlichen Neuronen«, die jeweils die einfache Operation ausführen, eine Sammlung numerischer Eingaben entgegennehmen und sie mit bestimmten Gewichtungen zu kombinieren.

Die Originaleingabe von ChatGPT ist ein Array aus Zahlen (die Einbettungsvektoren für die bisherigen Token). Wenn ChatGPT »läuft«, um ein neues Token zu erzeugen, durchlaufen diese Zahlen einfach die Schichten des neuronalen Netzes, wobei jedes Neuron »sein Ding macht« und das Ergebnis an die Neuronen der nächsten Schicht weiterreicht. Es gibt keine Schleifen oder ein »Zurückgehen«. Alles geht einfach immer vorwärts (»feed forward«) durch das Netzwerk.

Das ist eine ganz andere Anordnung als in einem typischen Rechensystem – wie einer Turing-Maschine[7] –, in dem die Ergebnisse wiederholt von denselben Rechenelementen »neu verarbeitet« werden. Hier wird – zumindest beim Generieren eines bestimmten Tokens der Ausgabe – jedes Rechenelement (d.h. Neuron) nur einmal benutzt.

Dennoch gibt es in einem gewissen Sinn sogar in ChatGPT immer noch eine »äußere Schleife«, die Rechenelemente wiederverwendet. Wenn nämlich ChatGPT ein neues Token generiert, dann »liest« es (d.h. nimmt als Eingabe entgegen) immer die ganze Token-Sequenz, die vorher kommt, einschließlich der Token, die ChatGPT selbst zuvor »geschrieben« hat. Das bedeutet, dass ChatGPT – zumindest auf seiner äußersten Ebene – eine Art »Feedback-Schleife« hat, wenn auch eine, in der jede Iteration explizit als ein Token sichtbar ist, das in dem Text auftaucht, den es generiert.

Kommen wir wieder zurück zum Kern von ChatGPT, dem neuronalen Netz, das wiederholt benutzt wird, um die einzelnen Token zu erzeugen. In mancherlei Hinsicht ist es sehr einfach: eine ganze Ansammlung identischer künstlicher Neuronen. Und manche Teile des Netzes bestehen einfach nur aus (»vollständig verbundenen«)[8] Schichten aus Neuronen, in denen jedes Neuron einer bestimmten Schicht (mit einem gewissen Gewicht) mit jedem Neuron in der vorherigen Schicht verbunden ist. Allerdings besitzt ChatGPT besonders mit seiner Transformer-Architektur Teile mit mehr Struktur, in denen nur spezielle Neuronen auf unterschiedlichen Schichten miteinander verbunden sind. (Natürlich könnte man immer noch sagen, »alle Neuronen sind verbunden« – manche haben eben einfach nur kein Gewicht.)

Darüber hinaus gibt es Aspekte des neuronalen Netzes in ChatGPT, die man sich nicht einfach nur als »homogene« Schichten vorstellen kann. Und zum Beispiel gibt es – wie die bildliche Darstellung oben andeutet – innerhalb eines Aufmerksamkeitsblocks Orte, an denen von eingehenden Daten »mehrere Kopien gemacht« werden, die dann jeweils einen anderen »Verarbeitungsweg« durchlaufen, an dem potenziell unterschiedlich viele Schichten beteiligt sind, und die dann erst später wieder zusammengefügt werden. Aber auch wenn dies eine bequeme Darstellung der Vorgänge sein mag, ist es zumindest im Prinzip immer möglich, sich »dicht gefüllte« Schichten vorzustellen, bei denen einige Gewichte einfach Null sind.

7 https://www.wolframscience.com/nks/?error=404#sect-3-4--turing-machines

8 https://reference.wolfram.com/language/ref/LinearLayer.html

Betrachtet man den längsten Weg durch ChatGPT, stellt man fest, dass etwa 400 (Kern-)Schichten daran beteiligt sind – das ist schon eine riesige Zahl. Es gibt aber auch Millionen von Neuronen mit insgesamt 175 Milliarden Verbindungen und daher auch mit 175 Milliarden Gewichten. Und man darf nicht vergessen, dass ChatGPT jedes Mal, wenn es ein neues Token generiert, eine Berechnung durchführen muss, an der jedes einzelne dieser Gewichte beteiligt ist. Aus Sicht der Implementierung lassen sich diese Berechnungen irgendwie »nach Schicht« in hochparallele Matrixoperationen organisieren, die dann bequem von GPUs ausgeführt werden können. Trotzdem müssen für jedes zu generierende Token 175 Milliarden Berechnungen erfolgen (und am Ende noch einige mehr), sodass es tatsächlich nicht überraschen sollte, dass es eine Weile dauern kann, mit ChatGPT einen längeren Text zu erzeugen.

Bemerkenswert bei alldem ist am Ende, dass diese ganzen Operationen – so simpel sie für sich genommen sein mögen – es irgendwie gemeinsam schaffen, die »menschliche« Aufgabe des Generierens von Text so gut zu erledigen. Es muss noch einmal betont werden, dass es (zumindest so weit wir wissen) keinen »endgültigen theoretischen Grund« gibt, weshalb irgendetwas davon funktionieren sollte. Tatsächlich glaube ich, dass wir dies in unserer Diskussion als eine – möglicherweise überraschende – wissenschaftliche Entdeckung betrachten sollten: dass es in einem neuronalen Netz wie ChatGPT irgendwie möglich ist, die Essenz dessen zu erfassen, was menschliche Gehirne beim Generieren von Sprache zustande bringen.

11

Das Training von ChatGPT

Sie haben nun einen Überblick darüber gewonnen, wie ChatGPT arbeitet, nachdem es eingerichtet wurde. Doch wie wurde es eingerichtet? Wie wurden all die 175 Milliarden Gewichte in seinem neuronalen Netz bestimmt? Im Grunde genommen sind sie das Ergebnis eines sehr umfangreichen Trainings mit einer riesigen Menge an Texten – aus dem Web, aus Büchern usw. –, die von Menschen geschrieben wurden. Wie bereits festgestellt wurde, ist es selbst mit all diesen Trainingsdaten sicherlich nicht offensichtlich, dass ein neuronales Netz in der Lage wäre, erfolgreich »menschenähnlichen« Text zu erzeugen. Und wieder einmal scheint unglaublich viel Technik erforderlich zu sein, um das zu ermöglichen. Die große Überraschung – und Entdeckung – bei ChatGPT ist jedoch, dass es überhaupt möglich ist. Und dass – im Prinzip – ein neuronales Netz mit »nur« 175 Milliarden Gewichten ein »vernünftiges Modell« für Text, den Menschen schreiben, darstellen kann.

Heutzutage gibt es online viele Texte, die von Menschen geschrieben wurden. Das öffentliche Web enthält mehrere Milliarden Seiten von Menschen fabrizierter Texte mit Billionen von Wörtern. Bezieht man dann noch die nicht öffentlichen Webseiten ein, könnten sich die Zahlen durchaus verhundertfachen. Bisher wurden mehr als fünf Millionen digitalisierter Bücher bereitgestellt (von den etwa 100 Millionen, die jemals veröffentlicht worden sind), was noch einmal etwa 100 Milliarden Wörter ausmacht. Und das berücksichtigt noch nicht einmal Text, der aus gesprochenen Wörtern in Videos usw. abgeleitet wurde. (Zum Vergleich, ich habe in meinem Leben bisher etwas weniger als drei Millionen Wörter an veröffentlichtem Material produziert,[1] in den letzten 30 Jahren[2] etwa 15 Millionen Wörter in E-Mails geschrieben – und allein in den letzten Jahren mehr als zehn Millionen Wörter in Livestreams[3] gesprochen. Und ja, ich trainiere einen Bot damit.)

---

1 https://www.stephenwolfram.com/publications/

2 https://writings.stephenwolfram.com/2012/03/the-personal-analytics-of-my-life/

3 https://livestreams.stephenwolfram.com/

Doch wie trainiert man ein neuronales Netz angesichts all dieser Daten? Das grundlegende Vorgehen entspricht im Großen und Ganzen dem, was Sie in den einfachen Beispielen bisher gesehen haben. Sie präsentieren einen Stapel an Beispielen und passen dann die Gewichte im Netz so an, dass der Fehler (»Verlust«) minimiert wird, den das Netz bei diesen Beispielen macht. Das Teuerste, also Aufwendigste an der »Fehlerrückführung« (Backpropagation) ist, dass sich üblicherweise jedes Mal alle Gewichte im Netz zumindest ein kleines bisschen verändern und es einfach eine riesige Menge an Gewichten gibt. (Die eigentliche »Rückberechnung« ist normalerweise nur um einen kleinen konstanten Faktor schwieriger als die Vorwärtsberechnung.)

Mit moderner GPU-Hardware ist es kein Problem, die Ergebnisse aus Tausenden von Beispielen parallel zu berechnen. Das tatsächliche Aktualisieren der Gewichte im neuronalen Netz erfordert allerdings mit den aktuellen Methoden eine stapelweise Abarbeitung. (Das ist vermutlich die Stelle, bei der echte Gehirne – mit ihren kombinierten Rechen- und Speicherelementen – bisher noch einen architektonischen Vorteil haben.)

Selbst bei den scheinbar einfachen Fällen des Lernens von numerischen Funktionen, die wir diskutiert haben, lässt sich feststellen, dass man oft Millionen von Beispielen benötigt, um ein Netz erfolgreich zu trainieren, zumindest wenn man von Grund auf neu beginnt. Wie viele Beispiele wird man also brauchen, um ein »menschenähnliches Sprachmodell« zu trainieren? Es scheint keine grundlegende »theoretische« Möglichkeit zu geben, dies zu wissen. In der Praxis allerdings wurde ChatGPT mit nur wenigen Milliarden Wörtern erfolgreich trainiert.

Einige der Texte wurden mehrmals eingegeben, andere nur einmal. Doch irgendwie »erhielt es alles nötige« aus dem präsentierten Text. Wie groß muss aber das Netzwerk sein, um aus dieser Menge an Text »gut zu lernen«? Auch hier gibt es keine grundsätzliche Theorie, die uns eine Antwort verrät. Letztlich gibt es vermutlich – wie wir später noch diskutieren werden – einen bestimmten »algorithmischen Gesamtinhalt« für menschliche Sprache sowie für das, was Menschen üblicherweise damit sagen. Die nächste Frage ist aber, wie effizient ein neuronales Netz beim Implementieren eines Modells sein wird, das auf diesem algorithmischen Inhalt beruht. Und auch das wissen wir nicht – obwohl der Erfolg von ChatGPT nahelegt, dass es einigermaßen effizient ist.

Am Ende können wir nur feststellen, dass ChatGPT das, was es macht, mit einigen hundert Milliarden Gewichten erledigt – in der Menge vergleichbar der Gesamtzahl der Wörter (oder Token) an Trainingsdaten, die ihm präsentiert wurden. In mancherlei Hinsicht überrascht es vermutlich (wenngleich dies empirisch auch bei kleineren Gegenstücken von ChatGPT beobachtet wurde), dass die »Größe des Netzes«, die gut zu funktionieren scheint, so derart vergleichbar der »Größe der Trainingsdaten« ist. Schließlich ist es sicher nicht so, dass irgendwo »innerhalb von ChatGPT« der ganze Text aus dem Web und den Büchern usw. »direkt gespeichert« wäre. Tatsächlich befindet sich in ChatGPT einfach nur ein Haufen Zahlen – mit etwas weniger als zehn Ziffern Genauigkeit –, die eine Art von verteilter Codierung der gesammelten Struktur all dieses Textes darstellt.

Anders ausgedrückt, könnten wir fragen, welches der »effektive Informationsgehalt« der menschlichen Sprache ist und was üblicherweise damit gesagt wird. Es gibt den rohen Korpus der Sprachbeispiele. Und dann gibt es die Repräsentation im neuronalen Netz von ChatGPT. Diese Repräsentation ist wahrscheinlich alles andere als eine »algorithmisch minimale« Repräsentation (wie wir später noch diskutieren werden). Aber es ist eine Repräsentation, die ohne Weiteres durch das neuronale Netz benutzbar ist. Und in dieser Repräsentation scheinen am Ende die Trainingsdaten kaum »komprimiert« zu sein; im Durchschnitt scheint es grundsätzlich nur etwas weniger als ein Gewicht im neuronalen Netz zu erfordern, um den »Informationsgehalt« eines Wortes der Trainingsdaten aufzunehmen.

Wenn Sie ChatGPT ausführen, um Text zu generieren, müssen Sie im Prinzip jedes Gewicht einmal benutzen. Bei n Gewichten sind in der Größenordnung n Rechenschritte zu erledigen – auch wenn in der Praxis viele von ihnen parallel in GPUs ausgeführt werden können. Doch wenn Sie etwa n Wörter an Trainingsdaten benötigen, um diese Gewichte einzurichten, können Sie aus dem bereits Gesagten schlussfolgern, dass Sie etwa n^2 Rechenschritte brauchen, um das Training des Netzwerks zu erledigen – weshalb bei den aktuellen Methoden immer von einem Trainingsaufwand die Rede ist, der in die Milliarden Dollar geht.

12

Über das grundlegende Training hinaus

Ein Großteil des Aufwands beim Trainieren von ChatGPT muss dafür aufgebracht werden, ihm große Mengen an vorhandenen Texten aus dem Web, aus Büchern usw. »zu zeigen«. Es gibt aber noch einen weiteren – offensichtlich ziemlich wichtigen – Teil.

Sobald das »Rohtraining« mit dem originalen Textkorpus abgeschlossen ist, kann das neuronale Netz in ChatGPT damit beginnen, seine eigenen Texte zu generieren, vorgegebene Beispiele fortzusetzen usw. Doch während die Ergebnisse dieser Versuche oft vernünftig zu wirken scheinen, neigen sie dazu – besonders bei längeren Texten – in oft recht nicht menschlicher Weise »abzudriften«. Das lässt sich nicht einfach so durch zum Beispiel traditionelle statistische Methoden am Text entdecken. Es ist aber etwas, was wirkliche Menschen, die den Text lesen, leicht bemerken.

Eine wichtige Idee bei der Konstruktion von ChatGPT[1] bestand darin, nach dem »passiven Lesen« von Dingen wie dem Web einen weiteren Schritt einzuführen: Man wollte tatsächliche Menschen aktiv mit ChatGPT interagieren lassen, feststellen, was dabei herauskommt, und ihm im Prinzip ein Feedback darüber liefern, »wie man ein guter Chatbot ist«. Wie kann ein neuronales Netz dieses Feedback benutzen? Der erste Schritt besteht darin, einfach die Menschen die Ergebnisse aus dem neuronalen Netz bewerten zu lassen. Dann wird ein weiteres neuronales Netzmodell gebaut, das versucht, diese Bewertungen vorherzusagen. Dieses Vorhersagemodell kann dann – im Prinzip wie eine Verlustfunktion – auf dem Originalnetz ausgeführt werden, sodass dieses Netz die Möglichkeit erhält, durch das menschliche Feedback »nachgeschärft« zu werden. Die Ergebnisse in der Praxis scheinen eine große Wirkung auf den Erfolg des Systems beim Erzeugen »menschenähnlicher« Ausgaben zu haben.

1 https://openai.com/research/instruction-following

Im Allgemeinen ist es interessant, wie wenig »Herumstochern« das »ursprünglich trainierte« Netz zu benötigen scheint, damit es sich sinnvoll in bestimmte Richtungen entwickelt. Man hätte meinen können, man hätte in das Netz hineingehen und einen Trainingsalgorithmus ausführen sowie Gewichte anpassen müssen, um zu erreichen, dass es sich verhält, als »hätte es etwas Neues gelernt«.

Dabei ist das nicht der Fall. Stattdessen scheint es ausreichend zu sein, ChatGPT im Grunde genommen etwas einmal zu sagen – als Teil der Handlungsanweisung, die Sie vorgeben. Es kann dann das, was Sie ihm gesagt haben, erfolgreich nutzen, wenn es Text generiert. Und erneut ist die Tatsache, dass dies funktioniert, meines Erachtens nach ein wichtiger Hinweis, um zu verstehen, was ChatGPT »wirklich tut« und wie es mit der Struktur der menschlichen Sprache und des Denkens zusammenhängt.

Das Ganze hat sicher schon etwas ziemlich Menschenähnliches an sich: Nachdem es dieses ganze Vortraining durchlaufen hat, können Sie dem System etwas einmal sagen und es kann sich »daran erinnern« – zumindest lange genug, um daraus ein Stück Text zu generieren. Was geht also in einem solchen Fall vor sich? Es könnte sein, dass »alles, was Sie ihm sagen könnten, bereits irgendwo dort drin ist« – und Sie es nur zur richtigen Stelle führen. Aber das erscheint nicht besonders plausibel. Wahrscheinlicher ist stattdessen, dass zwar die Elemente bereits alle da sind, aber die Details eher durch eine »Bahn zwischen diesen Elementen« definiert werden, und dies ist der Teil, den Sie einbringen, wenn Sie ihm etwas sagen.

Und tatsächlich ist es fast wie bei Menschen: Wenn Sie ChatGPT etwas Bizarres und Unerwartetes sagen, was nicht komplett in das Framework passt, das es kennt, dann scheint es nicht in der Lage zu sein, dies erfolgreich zu »integrieren«. Es kann es nur »integrieren«, wenn es im Prinzip auf recht einfache Weise auf dem Framework aufsetzen kann, das es bereits hat.

Es muss außerdem noch einmal darauf hingewiesen werden, dass es ganz zwangsläufig »algorithmische Grenzen« für das gibt, was das neuronale Netz »aufschnappen« kann. Geben Sie ihm »flache« Regeln der Form »dies geht dorthin« usw., dann kann es dies höchstwahrscheinlich ganz gut darstellen und reproduzieren – und tatsächlich gibt das, was es aus der Sprache »bereits kennt«, ihm ein unmittelbares Muster, dem es folgen kann. Versuchen Sie dagegen, ihm Regeln für eine tatsächliche »tiefe« Berechnung zu geben, die viele potenziell rechnerisch irreduzierbare Schritte umfasst, dann funktioniert das einfach nicht. (Denken Sie daran, dass es bei jedem Schritt in seinem Netz einfach »Daten vorwärts weitergibt«, das heißt, niemals Schleifen geht außer beim Generieren neuer Token.)

Natürlich kann das Netzwerk die Antwort auf spezielle »irreduzierbare« Berechnungen lernen. Sobald es aber eine kombinatorische Anzahl von Möglichkeiten gibt, funktioniert ein solches »schau-in-einer-Tabelle-nach«-Vorgehen nicht mehr. Und so wird es dann, wie bei Menschen, für das neuronale Netz Zeit, sich »umzusehen« und tatsächliche Berechnungswerkzeuge zu benutzen. (Und ja, Wolfram|Alpha[2] und Wolfram Language[3] sind besonders geeignet,[4] weil sie extra so gebaut wurden, um »über Dinge in der Welt zu sprechen«, genau wie die neuronalen Netze in den Sprachmodellen.)

2 https://www.wolframalpha.com/

3 https://www.wolfram.com/language/

4 https://writings.stephenwolfram.com/2023/01/wolframalpha-as-the-way-to-bring-computational-knowledge-superpowers-to-chatgpt/

13

Was führt wirklich dazu, dass ChatGPT funktioniert?

Menschliche Sprache und die Denkprozesse, die an ihrer Generierung beteiligt sind, scheinen immer eine Art Gipfel der Komplexität dargestellt zu haben. Und tatsächlich schien es irgendwie bemerkenswert zu sein, dass menschliche Gehirne – mit ihrem Netz aus »lediglich« etwa 100 Milliarden Neuronen (und vielleicht 100 Billionen Verbindungen) – dafür verantwortlich sein könnten. Vielleicht, so würde man sich fragen, steckt mehr hinter den Gehirnen als nur ihr Netz aus Neuronen – wie etwa eine neue Schicht bisher unentdeckter Physik. Mit ChatGPT haben wir nun aber eine wichtige neue Information gewonnen: Wir wissen, dass ein reines, künstliches neuronales Netz mit ungefähr so vielen Verbindungen wie die Neuronen von Gehirnen fähig ist, überraschend gut menschliche Sprache zu generieren.

Ja, das System ist immer noch groß und kompliziert – mit ungefähr so vielen neuronalen Netzgewichten, wie Wörter aus Texten in der Welt zur Verfügung stehen. Auf einer gewissen Ebene scheint es dennoch schwer zu glauben zu sein, dass der ganze Reichtum an Sprache und den Dingen, über die sie sprechen kann, in einem solchen endlichen System stecken soll. Ein Teil dessen, was vor sich geht, ist zweifellos eine Reflexion des allgegenwärtigen Phänomens (das erstmals am Beispiel von Regel 30[1] deutlich wurde), dass Rechenprozesse im Prinzip die Komplexität von Systemen extrem verstärken können, selbst wenn die ihnen zugrunde liegenden Regeln einfach sind. Wie wir aber bereits diskutiert haben, werden neuronale Netz der Art, die in ChatGPT verwendet wird, extra so konstruiert, dass sie die Wirkung

1 https://www.wolframscience.com/nks/chap-2--the-crucial-experiment/#sect-2-1--how-do-simple-programs-behave

dieses Phänomens – und die rechnerische Irreduzibilität, die damit verknüpft ist – beschränken, um ihr Training leichter zugänglich zu machen.

Wie kann es dann sein, dass etwas wie ChatGPT in Bezug auf Sprache so weit kommt, wie es das zu tun scheint? Ich denke, die grundlegende Antwort lautet, dass Sprache auf einer fundamentalen Ebene irgendwie doch einfacher ist, als es scheint. Und das bedeutet, dass ChatGPT – selbst mit seiner prinzipiell einfachen Netzstruktur – es erfolgreich schafft, »die Essenz« der menschlichen Sprache und das Denken dahinter »zu erfassen«. Mehr noch, bei seinem Training hat ChatGPT irgendwie »implizit entdeckt«, welche Gesetzmäßigkeiten in der Sprache (und dem Denken) dies möglich machen.

Ich glaube, der Erfolg von ChatGPT liefert uns den Beweis für ein grundlegendes und wichtiges Stück Wissenschaft: Er deutet an, dass es möglicherweise wichtige neue »Gesetze der Sprache« – und damit im Prinzip »Gesetze des Denkens« – zu entdecken gibt. In ChatGPT – das als neuronales Netz gebaut ist – drücken sich diese Gesetze bestenfalls implizit aus. Falls wir es schaffen könnten, diese Gesetze explizit zu machen, besteht das Potenzial, die Dinge, die ChatGPT macht, auf deutlich direktere, effizientere – und transparentere – Weise zu erledigen.

Doch um welche Gesetze könnte es sich handeln? Letztendlich müssten sie uns eine Art von Rezept dafür liefern, wie Sprache – und die Dinge, die wir damit ausdrücken – zusammengesetzt ist. Wir werden später noch darauf kommen, wie »ein Blick in ChatGPTs Inneres« uns Hinweise dazu liefern könnte, und wie das, was wir über die Konstruktion von Computersprachen (Computational Languages) wissen, uns einen Weg vorwärts weist. Reden wir aber zuerst über zwei lange bekannte Beispiele dafür, was die »Gesetze der Sprache« ausmacht – und in welcher Beziehung sie zur Funktionsweise von ChatGPT stehen.

Das erste Beispiel ist die Syntax der Sprache. Sprache ist nicht nur ein zufälliges Durcheinander von Wörtern. Stattdessen gibt es (ziemlich) feste grammatikalische Regeln[2] dafür, wie Wörter unterschiedlicher Arten zusammengesetzt werden: Zum Beispiel können Substantiven Adjektive vorangestellt werden, während ihnen Verben folgen, doch zwei Substantive können üblicherweise nicht direkt nebeneinanderstehen. Eine solche grammatikalische Struktur lässt sich (zumindest ansatzweise) durch Regeln

2 https://www.wolframscience.com/nks/notes-10-12--computer-and-human-languages/

erfassen, die definieren, wie sogenannte »Syntaxbäume« zusammengefügt werden können.[3] Hier ein Beispiel für einen englischen Satz:

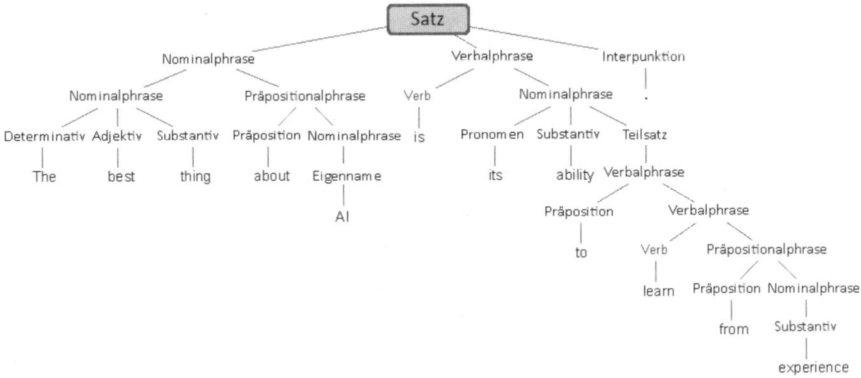

ChatGPT besitzt keine ausdrückliche »Kenntnis« solcher Regeln. Allerdings »entdeckt« es sie irgendwie implizit bei seinem Training – und scheint dann recht gut darin zu sein, sie zu befolgen. Wie genau funktioniert das? Ganz allgemein betrachtet, ist das nicht klar. Um allerdings einen gewissen Einblick zu gewinnen, lohnt es sich, ein viel einfacheres Beispiel anzuschauen.

Stellen Sie sich eine »Sprache« vor, die aus Abfolgen von (und) gebildet ist. Ihre Grammatik schreibt vor,[4] dass die Klammern immer ausgeglichen sein sollen (also paarweise auftreten). In einem Syntaxbaum lässt sich das folgendermaßen darstellen:

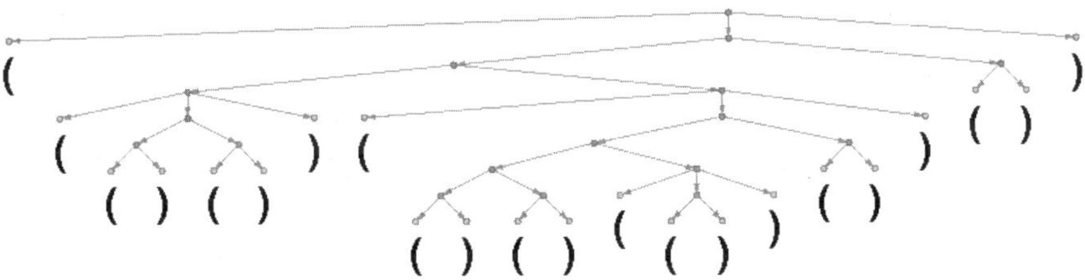

3 https://reference.wolfram.com/language/ref/TextStructure.html

4 https://www.wolframscience.com/nks/notes-7-9--nested-lists/

Könnten Sie ein neuronales Netz so trainieren, dass es »grammatikalisch korrekte« Klammerfolgen liefert? Es gibt verschiedene Methoden für den Umgang mit Sequenzen in neuronalen Netzen. Benutzen Sie, genau wie ChatGPT, Transformer-Netze. Geben Sie einem einfachen Transformer-Netz grammatikalisch korrekte Klammerfolgen als Trainingsbeispiele vor. Eine Feinheit (die es auch bei ChatGPTs Sprachgenerierung gibt) ist, dass Sie zusätzlich zu Ihren Inhalts-Token (in diesem Fall »(« und »)«) ein »Ende«-Token hinzufügen müssen, das generiert wird, um anzuzeigen, dass die Ausgabe nicht weitergehen sollte (d.h. für ChatGPT, dass man »das Ende der Geschichte« erreicht hat).

Falls Sie ein Transformer-Netz mit nur einem Aufmerksamkeitsblock mit acht Köpfen und Einbettungsvektoren der Länge 128 einrichten (ChatGPT benutzt auch Einbettungsvektoren der Länge 128, allerdings hat es 96 Aufmerksamkeitsblöcke mit jeweils 96 Köpfen), dann scheint es nicht möglich zu sein, dass es viel über die Klammersprache lernt. Bei zwei Aufmerksamkeitsblöcken dagegen scheint der Lernprozess zu konvergieren – zumindest nachdem etwa zehn Millionen Beispiele präsentiert wurden (werden mehr Beispiele gezeigt, scheint die Leistung, wie so oft bei Transformer-Netzen, nur noch abzufallen).

Sie können also bei diesem Netz genau wie bei ChatGPT nach den Wahrscheinlichkeiten für das nächste Token in einer Klammerfolge fragen:

((( ) ( ) (

(	46%
)	54%
Ende	0.038%

((( ) ( )))

(	51%
)	15%
Ende	34%

Im ersten Fall ist das Netz »ziemlich sicher«, dass die Sequenz hier nicht enden kann – was gut ist, da die Klammern ansonsten nicht ausgeglichen wären. Im zweiten Fall dagegen »erkennt es korrekt«, dass die Sequenz hier enden kann, obwohl es auch »darauf hinweist«, dass es möglich ist, »erneut zu starten«, wenn ein »(« angegeben wird, vermutlich mit einem folgenden »)«. Aber hoppla, selbst mit seinen ungefähr 400.000 aufwendig trainierten Gewichten gibt es eine Wahrscheinlichkeit von 15 % an, dass ein »)« als nächstes Token folgt – was nicht stimmt, da dies unweigerlich zu einer nicht ausgeglichenen Klammer führen würde.

Hier sehen Sie, was Sie erhalten, wenn Sie das Netz für zunehmend länger werdende Abfolgen von (nach den Vervollständigungen mit den höchsten Wahrscheinlichkeiten fragen:

```
( )
(( ))
((( )))
(((( ))))
((((( )))))
(((((( ))))))
((((((( )))))))
(((((((( ))))))))
((((((((( )))))))))
(((((((((( ))))))))))
((((((((((( )))))))))) ()          (unausgeglichen)
(((((((((((( )))))))))))           (unausgeglichen)
((((((((((((( )))))))))))) ())
(((((((((((((( )))))))))))) ()))
((((((((((((((( )))))))))))))))
(((((((((((((((( ))))))))))))))) ()))   (unausgeglichen)
((((((((((((((((( ))))))))))))))))))    (unausgeglichen)
(((((((((((((((((( ))))))))))))))))))
((((((((((((((((((( )))))))))))))))))))
(((((((((((((((((((( ))))))))))))))))))) ())
```

Bis zu einer bestimmten Länge funktioniert das Netz wirklich ganz gut. Doch dann beginnt es, Fehler zu machen. Das ist eine ziemlich typische Sache bei einem neuronalen Netz (oder Machine Learning im Allgemeinen) in solchen »exakten« Situationen. Fälle, die ein Mensch »auf einen Blick lösen kann«, kann auch das neuronale Netz bewältigen. In Fällen dagegen, die etwas »mehr algorithmisches Vorgehen« erfordern (wie z.B. das explizite Durchzählen der Klammern, um festzustellen, ob sie geschlossen sind), neigt das neuronale Netz dazu, »rechnerisch zu flüchtig« zu sein, um sie zuverlässig zu erledigen. (Übrigens hat selbst das vollständige aktuelle ChatGPT Schwierigkeiten damit, Klammern in langen Sequenzen korrekt zuzuordnen.)

Was bedeutet dies für etwas wie ChatGPT und die Syntax einer Sprache wie Englisch? Die Klammersprache ist »streng« – und eher eine »algorithmische Geschichte«. Im Englischen ist es dagegen viel realistischer, anhand der Wortwahl und anderer Hinweise »erraten« zu können, was grammatikalisch passen könnte. Und ja, das neuronale Netz ist viel besser darin – auch wenn es möglicherweise irgendeinen »formell korrekten« Fall übersehen könnte, den auch Menschen möglicherweise verfehlen. Entscheidend ist jedoch, dass die Tatsache einer übergreifenden syntaktischen Struktur für die Sprache – mit all der Regelmäßigkeit, die das nach sich zieht – in gewisser Weise beschränkt, »wie viel« das neuronale Netz lernen muss. Und eine entscheidende »naturwissenschaftliche« Beobachtung ist, dass die Transformer-Architektur von neuronalen Netzen wie dem in ChatGPT erfolgreich in der Lage zu sein scheint, diese Art von geschachtelter, baumartiger syntaktischer Struktur zu erlernen, die offenbar (zumindest in gewisser Weise) in allen menschlichen Sprachen existiert.

Syntax bietet eine Art von Einschränkung auf der Sprache. Es gibt aber natürlich noch mehr. Ein Satz wie »Inquisitive electrons eat blue theories for fish« (»Neugierige Elektronen essen blaue Theorien für Fisch«) ist grammatikalisch richtig, stellt aber ansonsten nichts dar, was man sagen würde, und wäre auch nichts, was als erfolgreiche Ausgabe von ChatGPT gelten könnte – weil er, wenn man die normalen Bedeutungen der Wörter zugrunde legt, einfach sinnlos ist.

Gibt es eine allgemeine Methode, um festzustellen, ob ein Satz sinnvoll ist? Dafür existiert keine traditionelle allgemeine Theorie. Man könnte sich aber vorstellen, dass ChatGPT implizit »eine Theorie dafür entwickelt« hat, nachdem es mit Milliarden von (mutmaßlich sinnvollen) Sätzen aus dem Web usw. trainiert worden ist.

Wie könnte diese Theorie aussehen? Es gibt eine winzige Nische, die im Prinzip seit Jahrtausenden bekannt ist: die Logik[5]. Und Logik ist, zumindest in der syllogistischen Form, in der Aristoteles sie entdeckt hat, im Grunde genommen eine Methode, um zu sagen, dass Sätze, die bestimmten Mustern folgen, vernünftig sind, während andere es nicht sind. Das heißt zum Beispiel, dass es vernünftig ist zu sagen: »Alle X sind Y. Das ist nicht Y, deshalb ist es kein X.« (wie in: »Alle Fische sind blau. Das ist nicht blau, deshalb ist es kein Fisch.«). Und so wie man sich leise lächelnd vorstellen kann, dass

5 https://writings.stephenwolfram.com/2018/11/logic-explainability-and-the-future-of-understanding/

Aristoteles die syllogistische Logik entdeckt hat, indem er (im Stil des Machine Learnings) Unmengen an rhetorischen Beispielen durchgekaspert hat, kann man sich genauso vorstellen, dass ChatGPT es bei seinem Training geschafft hat, die »syllogistische Logik zu entdecken«, indem es sich eine Menge Text aus dem Web usw. angeschaut hat. (Und ja, während man daher erwarten kann, dass ChatGPT Texte erzeugt, die auf der Basis von Dingen wie der syllogistischen Logik »korrekte Schlussfolgerungen« enthalten, sieht es ganz anders aus, wenn man zur raffinierteren formalen Logik kommt – und ich glaube, hier kann man aus denselben Gründen ein Scheitern erwarten, aus denen es auch beim Abgleich der Klammern gescheitert ist.)

Doch was lässt sich über das eng gefasste Beispiel der Logik hinaus über das systematische Konstruieren (oder Erkennen) eines plausibel sinnvollen Textes sagen? Ja, es gibt Dinge wie Mad Libs®[6], die ganz spezielle »Phrasen-Vorlagen« benutzen. Doch irgendwie hat ChatGPT eine allgemeinere Art und Weise, das zu tun. Und vielleicht kann man einfach nicht mehr darüber sagen als »irgendwie passiert das, wenn du 175 Milliarden neuronale Netzgewichte hast«. Ich vermute aber ganz stark, dass eine viel einfachere und solidere Geschichte dahintersteckt.

6 https://en.wikipedia.org/wiki/Mad_Libs

14

Merkmalsraum und semantische Bewegungsgesetze

Wir sprachen bereits darüber, dass jedes Stück Text in ChatGPT im Prinzip durch ein Array von Zahlen repräsentiert wird, die wir uns als Koordinaten eines Punkts in einer Art von »linguistischem Merkmalsraum« vorstellen können. Wenn ChatGPT also einen Text fortsetzt, dann entspricht dies dem Verfolgen einer Art von Bewegungsbahn im linguistischen Merkmalsraum. Jetzt können wir aber fragen, was dazu führt, dass diese Bewegungsbahn einem Text entspricht, den wir als sinnvoll erachten. Gibt es möglicherweise »semantische Bewegungsgesetze«, die definieren – oder zumindest beschränken –, wie Punkte im linguistischen Merkmalsraum sich bewegen können und dennoch eine gewisse »Sinnhaftigkeit« bewahren?

Wie sieht dieser linguistische Merkmalsraum aus? Hier ist ein Beispiel dafür, wie einzelne Wörter (in diesem Fall normale englische Substantive) angeordnet sein könnten, wenn wir einen solchen Merkmalsraum in den zweidimensionalen Bereich projizieren.

Sie haben bereits ein anderes Beispiel gesehen, das auf Wörtern beruht, die Pflanzen und Tiere repräsentieren. Entscheidend ist in beiden Fällen, dass sich »semantisch ähnliche Wörter« nahe beieinander befinden.

Schauen Sie sich in einem weiteren Beispiel an, wie Wörter aus unterschiedlichen Wortarten angeordnet werden.

Natürlich hat ein bestimmtes Wort im Allgemeinen nicht nur »eine Bedeutung« (oder entspricht nicht unbedingt nur einer Wortart). Indem man sich anschaut, wie Sätze, die ein Wort enthalten, im Merkmalsraum angeordnet werden, kann man oft die unterschiedlichen Bedeutungen »zerpflücken« – wie in dem Beispiel hier für das Wort »crane« (Vogel oder Maschine?):

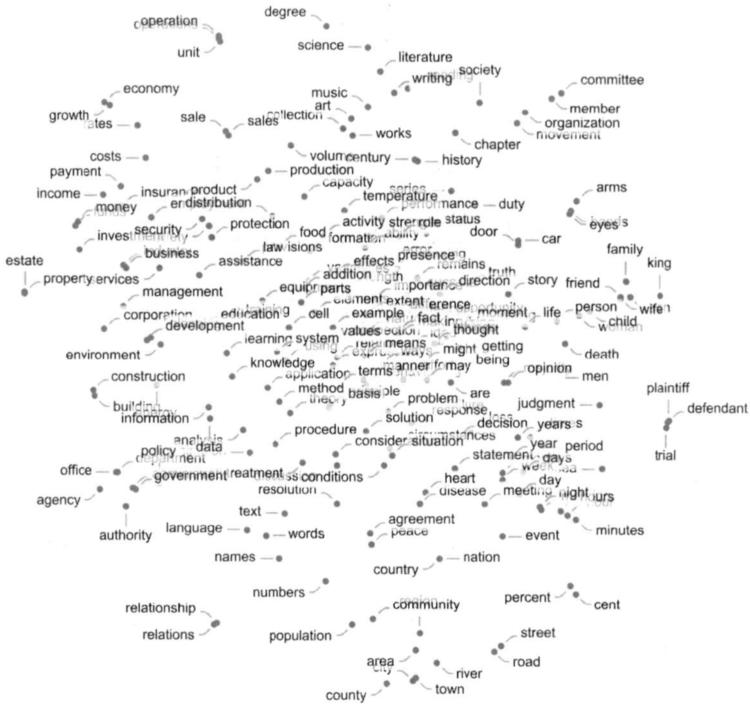
operation
unit
degree
science
literature
writing
society
committee
member
organization
movement
economy
growth
rates
sale
sales
music
art
collection
works
chapter
history
costs
payment
income
money
production
capacity
temperature
duty
arms
eyes
car
door
status
protection
food
security
business
assistance
estate
property
services
management
family
king
friend
story
truth
direction
effects
addition
remains
corporation
education
development
cell
example
thought
life
person
wife
child
environment
learning system
means
might
getting
being
death
opinion
men
knowledge
construction
method
problem
judgment
plaintiff
defendant
information
solution
decision
years
procedure
situation
statement
year
period
days
trial
office
agency
policy
data
government
conditions
heart
disease
meeting
night
day
authority
text
language
words
agreement
peace
event
minutes
names
country
nation
numbers
community
percent
cent
relationship
relations
population
street
road
area
river
town
county

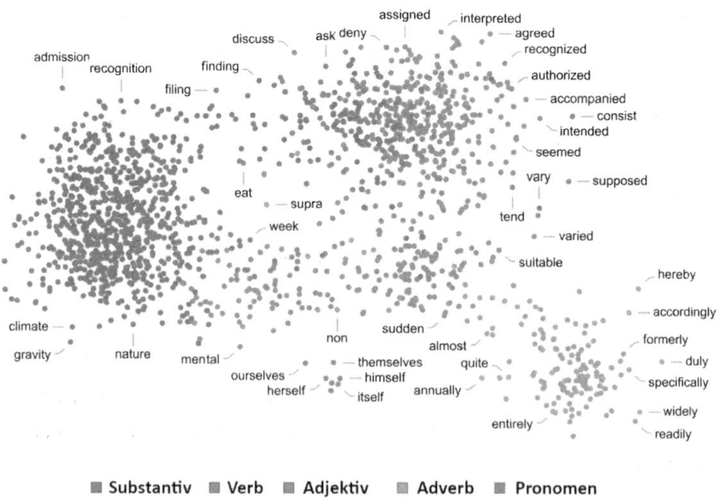
assigned
interpreted
agreed
recognized
authorized
accompanied
consist
intended
seemed
vary
supposed
tend
varied
suitable
discuss
ask
deny
admission
recognition
finding
filing
eat
supra
week
hereby
accordingly
formerly
duly
specifically
widely
readily
climate
gravity
nature
mental
non
sudden
almost
quite
themselves
himself
ourselves
herself
itself
annually
entirely
Substantiv
Verb
Adjektiv
Adverb
Pronomen

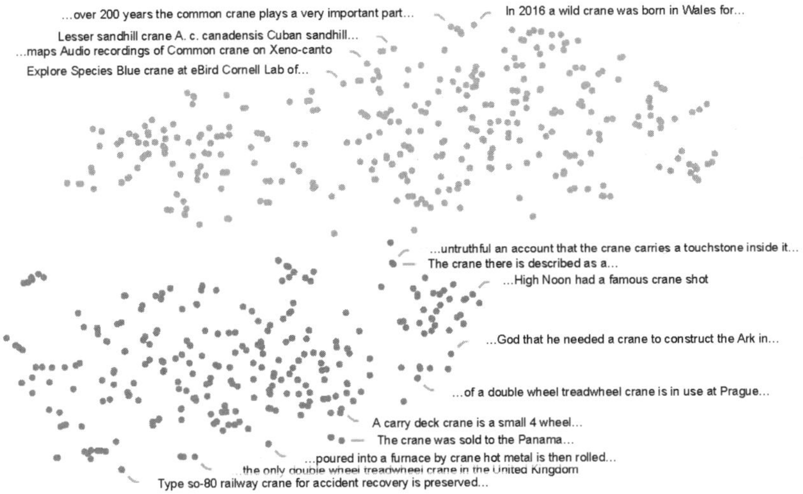

Es ist also in gewisser Weise plausibel, sich diesen Merkmalsraum so vorzustellen, dass »Wörter, deren Bedeutungen nahe beieinanderliegen«, auch in diesem Raum in einer gewissen Nachbarschaft zueinander liegen. Doch welche Art von zusätzlicher Struktur können Sie in diesem Raum erkennen? Gibt es zum Beispiel eine Art von Vorstellung von »Parallelverkehr«, die die »Flachheit« des Raums widerspiegeln würde? Schauen Sie sich dazu Analogien an:

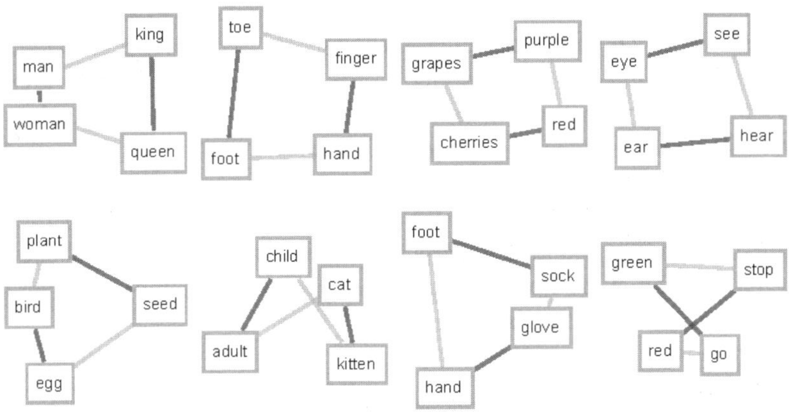

Selbst wenn Sie das ins Zweidimensionale projizieren, gibt es oft zumindest eine »Andeutung von Flachheit«, auch wenn sie sicher nicht allgemein zu sehen ist.

Was ist mit den Bewegungsbahnen? Wir können uns die Bewegungsbahn anschauen, die eine Eingabe für ChatGPT im Merkmalsraum verfolgt – und sehen dann, wie ChatGPT das fortsetzt:

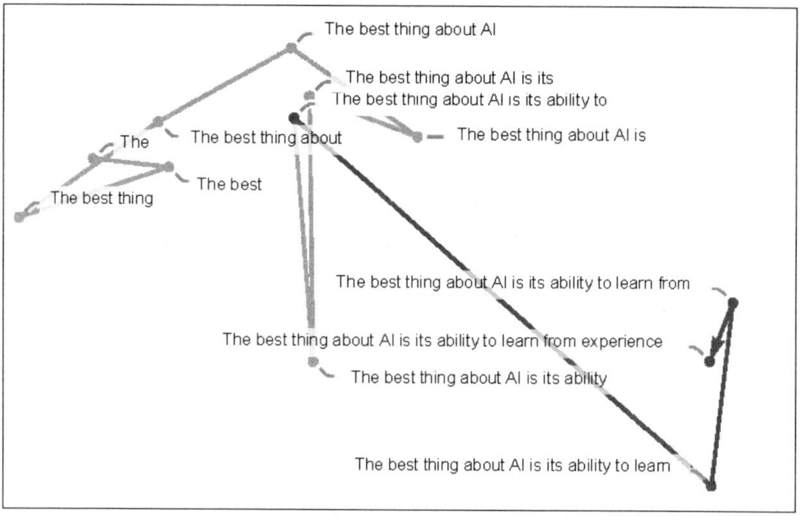

Hier gibt es ganz sicher kein »geometrisch offensichtliches Bewegungsgesetz«. Und das überrascht überhaupt nicht, weil völlig zu erwarten ist, dass dies eine deutlich kompliziertere Geschichte ist.[1] Selbst wenn ein »semantisches Bewegungsgesetz« gefunden würde, ist es zum Beispiel alles andere als klar, in welcher Art von Einbettung (tatsächlich: in welchen Variablen) es sich natürlicherweise am besten ausdrücken lässt.

In dem obigen Bild zeigen wir mehrere Schritte in der »Bewegungsbahn« – wobei wir bei jedem Schritt das Wort wählen, das ChatGPT für das wahrscheinlichste hält (den »Temperatur Null«-Fall). Sie können aber auch fragen, welche Wörter mit welchen Wahrscheinlichkeiten an einer bestimmten Stelle »als Nächstes kommen« können:

1 https://writings.stephenwolfram.com/2021/09/multicomputation-a-fourth-paradigm-for-theoretical-science/#linguistics

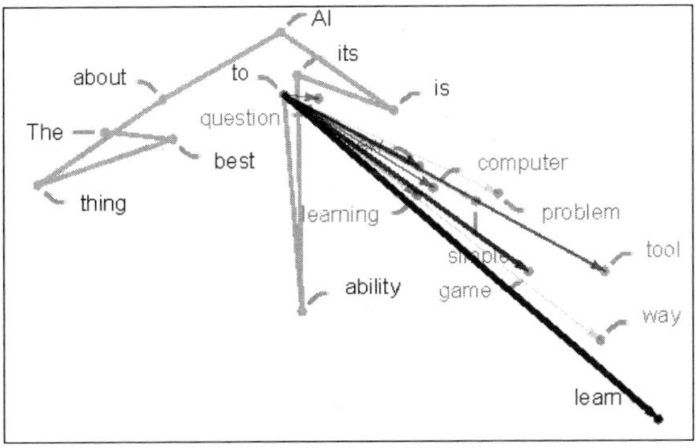

Sie sehen in diesem Fall, dass es einen »Fächer« aus Wörtern mit sehr hoher Wahrscheinlichkeit gibt, die im Merkmalsraum in eine mehr oder weniger eindeutige Richtung zu gehen scheinen. Was passiert, wenn Sie weiter gehen? Hier sind die nachfolgenden Fächer, die auftauchen, wenn Sie sich auf der Bewegungsbahn »entlang bewegen«:

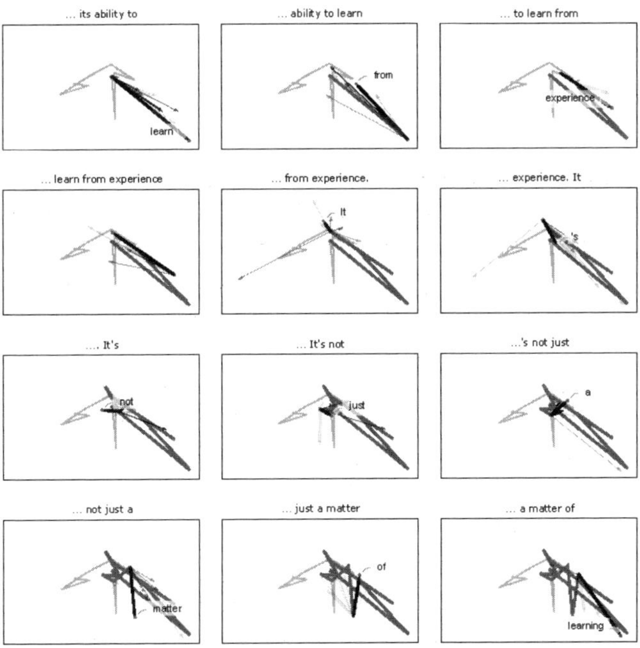

Hier ist eine dreidimensionale Darstellung aus insgesamt 40 Schritten:

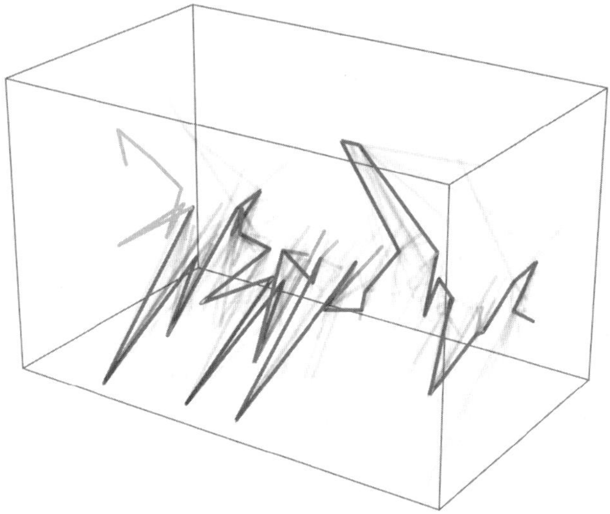

Das sieht ziemlich durcheinander aus – und trägt nicht gerade zu der Vorstellung bei, dass man es schaffen könnte, die »quasi-mathematisch-physikalischen« »semantischen Bewegungsgesetze« zu identifizieren, indem man empirisch untersucht, »was ChatGPT in seinem Inneren macht«. Doch vielleicht betrachten wir einfach die »falschen Variablen« (oder das falsche Koordinatensystem) und würden, wenn wir nur auf das richtige Koordinatensystem schauten, sofort sehen, dass ChatGPT etwas »Mathematisch-physikalisch-Einfaches« macht, wie etwa, der geodätischen Linie zu folgen. Bisher sind wir aber noch nicht bereit, aus seinem »inneren Verhalten« »empirisch zu decodieren«, was ChatGPT darüber »entdeckt« hat, wie menschliche Sprache »zusammengesetzt« wird.

15

Semantische Grammatik und die Macht der Computersprache

Was ist nötig, um »sinnvolle menschliche Sprache« zu erzeugen? In der Vergangenheit hätten wir vielleicht angenommen, dass es mindestens ein menschliches Gehirn braucht. Inzwischen wissen wir jedoch, dass dies ganz annehmbar durch das neuronale Netz von ChatGPT erledigt werden kann. Vielleicht ist das auch schon alles, was wir tun können, und es gibt nicht Leichteres – oder für Menschen Verständlicheres –, was funktioniert. Ich vermute jedoch sehr stark, dass der Erfolg von ChatGPT implizit eine wichtige »wissenschaftliche« Tatsache enthüllt: dass sinnvolle menschliche Sprache tatsächlich viel strukturierter und einfacher ist, als wir bisher wussten – und es am Ende ein paar recht einfache Regeln geben könnte, die beschreiben, wie eine solche Sprache zusammengesetzt werden kann.

Wie bereits erwähnt, gibt die syntaktische Grammatik Regeln vor, die besagen, wie in der menschlichen Sprache zum Beispiel Wörter aus verschiedenen Wortarten zusammengefügt werden können. Um allerdings die Bedeutung zu verstehen, muss man noch weiter gehen. Eine Möglichkeit dafür ist, wenn man nicht nur über eine syntaktische Grammatik für die Sprache nachdenkt, sondern auch über eine semantische.

Für die Zwecke der Syntax identifizieren wir Dinge wie Substantive und Verben. Für die Zwecke der Semantik dagegen brauchen wir »feinere Abstufungen«. So könnten wir zum Beispiel das Konzept des »Bewegens« identifizieren sowie das Konzept eines »Objekts«, das »seine Identität unabhängig von seinem Standort bewahrt«. Es gibt endlos viele spezielle Beispiele für jedes dieser »semantischen Konzepte«. Für die Zwecke unserer semantischen Grammatik haben wir jedoch einfach nur eine allgemeine Art von Regel, die im Grunde genommen besagt, dass »Objekte« sich »bewegen« können. Es gibt viel darüber zu sagen, wie all dies funktionieren könnte (und einiges habe ich schon dazu gesagt)[1]. Ich begnüge mich hier mit einigen wenigen Bemerkungen, die den potenziellen weiteren Weg ansatzweise andeuten.

Es sollte erwähnt werden, dass ein Satz, der entsprechend der semantischen Grammatik in Ordnung ist, deshalb nicht unbedingt in der Praxis umgesetzt wird (oder überhaupt umgesetzt werden könnte). Der Satz »Der Elefant reiste zum Mond« wäre nach unserer semantischen Grammatik einwandfrei, ist aber in unserer wirklichen Welt ganz gewiss nicht umgesetzt worden (zumindest bisher nicht) – auch wenn dies in einer fiktiven Welt durchaus denkbar wäre.

Wenn wir beginnen, über »semantische Grammatik« zu reden, stoßen wir bald auf die Frage: »Was steckt dahinter?«. Welches »Modell der Welt« wird hier angenommen? Bei einer syntaktischen Grammatik geht es tatsächlich nur um die Konstruktion von Sprache aus Wörtern. Eine semantische Grammatik dagegen legt ein bestimmtes »Modell der Welt« zugrunde – etwas, das als »Skelett« dient, auf das die Sprache, die aus den eigentlichen Wörtern entsteht, aufgesetzt werden kann.

Bis vor Kurzem haben wir uns vermutlich vorgestellt, dass (menschliche) Sprache die einzige allgemeine Möglichkeit wäre, unser »Modell von der Welt« zu beschreiben. Schon vor ein paar Jahrhunderten begann man, bestimmte Dinge zu formalisieren, vor allem auf der Grundlage der Mathematik. Mittlerweile gibt es aber einen noch allgemeineren Ansatz für die Formalisierung: die Computersprache[2] (Computational Language).

Sie haben recht, das war über mehr als vier Jahrzehnte mein großes Projekt (das heute seinen Ausdruck in der Wolfram Language[3] gefunden hat): die Entwicklung einer exakten symbolischen Repräsentation, die so breit wie möglich über die Dinge in der Welt sowie über die abstrakten Dinge, die uns wichtig sind, reden kann. Und so haben wir zum Beispiel symbolische Repräsentationen für Städte[4], Moleküle[5], Bilder[6] und neuronale Netze[7] und

1 `https://writings.stephenwolfram.com/2016/10/computational-law-symbolic-discourse-and-the-ai-constitution/`

2 `https://writings.stephenwolfram.com/2019/05/what-weve-built-is-a-computational-language-and-thats-very-important/`

3 `https://www.wolfram.com/language/`

4 `https://reference.wolfram.com/language/ref/entity/City.html`

5 `https://reference.wolfram.com/language/guide/MolecularStructureAndComputation.html`

besitzen gleichzeitig auch Wissen darüber, wie diese Dinge berechnet werden können.

Nach jahrzehntelanger Arbeit haben wir auf diese Weise eine Menge Bereiche abgedeckt. Allerdings haben wir uns in der Vergangenheit kaum mit dem »Alltagsdiskurs«[8] beschäftigt. Bei »Ich habe zwei Pfund Äpfel gekauft« kann man leicht die »zwei Pfund Äpfel« repräsentieren[9] (sowie Nährwert- und andere Berechnungen anstellen). Wir haben aber (noch) keine symbolische Repräsentation für »Ich habe gekauft«.

Das alles ist mit dem Begriff der semantischen Grammatik verbunden – und dem Ziel, einen generischen symbolischen »Baukasten« für Konzepte zu schaffen, der uns Regeln dafür bietet, was womit zusammenpassen könnte und was daher den »Fluss« ergibt, der sich in menschliche Sprache umwandeln lässt.

Nehmen Sie jedoch einmal an, Sie hätten diese »symbolische Diskurssprache«. Was würden Sie damit machen? Sie könnten zum Beispiel damit beginnen, »lokal sinnvollen Text« zu generieren. Irgendwann jedoch hätten Sie den Wunsch, »global bedeutungsvolle« Ergebnisse zu erzielen – was bedeutet, mehr von dem zu »berechnen«, was tatsächlich in der Welt (oder vielleicht in irgendeiner konsistenten fiktiven Welt) existieren oder geschehen kann.

Im Moment gibt es in der Wolfram Language eine riesige Menge an integriertem rechnergestütztem Wissen über viele unterschiedliche Dinge. Für eine vollständige symbolische Diskurssprache müsste man jedoch zusätzliche »Rechenmethoden« über allgemeine Dinge in der Welt einbauen: Wenn ein Objekt sich von A nach B und dann von B nach C bewegt, dann hat es sich von A nach C bewegt usw.

Mit einer symbolischen Diskurssprache könnten Sie »eigenständige Aussagen« treffen. Sie könnten sie aber auch benutzen, um im »Wolfram|Alpha-Stil« Fragen über die Welt zu stellen. Oder Sie setzen sie ein, um Dinge auszusagen, die Sie »so machen wollen«, vorzugsweise mit irgendeinem externen Auslösemechanismus. Oder Sie treffen damit Annahmen über die Welt –

---

6 `https://reference.wolfram.com/language/guide/ImageRepresentation.html`

7 `https://reference.wolfram.com/language/guide/NeuralNetworkConstruction.html`

8 `https://writings.stephenwolfram.com/2016/10/computational-law-symbolic-discourse-and-the-ai-constitution/`

9 `https://reference.wolfram.com/language/ref/entity/Food.html`

möglicherweise über die tatsächliche Welt oder auch über eine spezielle Welt, ob fiktiv oder nicht, über die Sie nachdenken.

Die menschliche Sprache ist grundsätzlich ungenau, nicht zuletzt deshalb, weil sie nicht an eine spezielle computergestützte Implementierung »gebunden« ist. Ihre Bedeutung wird im Prinzip einfach nur durch eine Art von »Gesellschaftsvertrag« zwischen ihren Anwendern definiert. Die Computersprache dagegen besitzt aufgrund ihrer Natur eine gewisse grundlegende Präzision – weil das, was sie spezifiziert, am Ende immer »eindeutig auf einem Computer ausgeführt« werden kann. Die menschliche Sprache kann normalerweise mit einer bestimmten Unklarheit durchkommen. (Zum Beispiel: Wenn wir von Planeten sprechen, sind dann auch die Exoplaneten gemeint?) In der Computersprache muss man dagegen präzise und sauber hinsichtlich all der Unterscheidungen sein, die man vornimmt.

Oft ist es bequem, die normale menschliche Sprache zu nutzen, um Namen in der Computersprache zu erfinden. Dabei sind die Bedeutungen, die sie in der Computersprache haben, notwendigerweise exakt – und könnten eine bestimmte Konnotation im typischen menschlichen Sprachgebrauch umfassen oder auch nicht.

Wie soll man die grundlegende »Ontologie« herausfinden, die für eine allgemeine symbolische Diskurssprache geeignet ist? Nun, das ist nicht leicht. Und vermutlich ist dies der Grund, weshalb hier seit den ersten Anfängen, die Aristoteles vor mehr als zwei Jahrtausenden geschaffen hat, wenig geschehen ist. Es hilft jedoch, dass wir heute so viel darüber wissen, wie man die Welt rechenbasiert betrachtet (und es schadet nichts, eine »grundlegende Metaphysik« von unserem Physics Project[10] und der Idee des »Ruliad«[11] zu haben).

Was bedeutet dies nun alles im Kontext von ChatGPT? Aus seinem Training hat ChatGPT sich im Prinzip eine bestimmte (ziemlich beeindruckende) Menge an etwas »zusammengebastelt«, das auf eine semantische Grammatik hinausläuft. Schon sein Erfolg gibt uns Anlass zu der Annahme, dass es machbar sein könnte, etwas Vollständigeres in Form einer Computersprache zu konstruieren. Und anders als bei dem, was wir bisher über das Innenleben von ChatGPT herausgefunden haben, können wir davon ausge-

10 https://www.wolframphysics.org/

11 https://writings.stephenwolfram.com/2021/11/the-concept-of-the-ruliad/

hen, dass wir die Computersprache so gestalten, dass sie für Menschen leicht verständlich ist.

Beim Sprechen über die semantische Grammatik können wir eine Analogie zur syllogistischen Logik ziehen. Zuerst war die syllogistische Logik im Prinzip eine Sammlung von Regeln über Aussagen, die mit menschlicher Sprache ausgedrückt werden. Als aber (zwei Jahrtausende später) die formale Logik entwickelt wurde,[12] konnten die ursprünglichen Grundkonstrukte der syllogistischen Logik benutzt werden, um riesige »formelle Türme« zu bauen, die zum Beispiel den Betrieb der modernen digitalen Schaltungstechnik beinhalten. Und so wird es wahrscheinlich mit der allgemeineren semantischen Grammatik sein. Zuerst wird sie vermutlich in der Lage sein, einfache Muster zu verarbeiten, die zum Beispiel als Text ausgedrückt sind. Sobald jedoch das gesamte Framework der Computersprache fertig ist, können wir davon ausgehen, dass sie benutzt werden kann, um hohe Türme aus »generalisierter semantischer Logik« zu errichten, die es uns erlauben, auf exakte und formelle Weise mit allen möglichen Dingen zu arbeiten, die uns nie zuvor zugänglich waren, außer auf einfachste Art durch die menschliche Sprache mit all ihrer Unschärfe.

Sie können sich die Konstruktion der Computersprache – und der semantischen Grammatik – als eine Art ultimative Komprimierung bei der Repräsentation von Dingen vorstellen, da sie es uns erlaubt, über die Essenz dessen, was möglich ist, zu sprechen, ohne uns zum Beispiel mit all den »Redensarten« beschäftigen zu müssen, die in der normalen menschlichen Sprache existieren. Die große Stärke von ChatGPT ist im Prinzip etwas ganz Ähnliches: Schließlich hat es sich ebenfalls in gewisser Weise bis zu der Stelle »durchgebohrt«, an der es »Sprache in semantisch bedeutungsvoller Art zusammensetzen« kann, ohne sich um die unterschiedlichen möglichen Redensarten kümmern zu müssen.

Was würde passieren, wenn Sie ChatGPT auf eine grundlegende Computersprache anwenden? Die Computersprache kann beschreiben, was möglich ist. Hinzugefügt werden kann aber noch ein Gefühl dafür, »was geläufig« ist – basierend zum Beispiel auf all den gelesenen Inhalten aus dem Web. Das Arbeiten mit einer Computersprache bedeutet jedoch, dass etwas wie ChatGPT unmittelbaren und grundlegenden Zugang zu den ultimativen Werkzeugen zum Durchführen potenziell irreduzierbarer Berech-

---

12 `https://writings.stephenwolfram.com/2018/11/logic-explainability-and-the-future-of-understanding/#the-history`

nungen hat. Und das macht es zu einem System, das nicht nur »vernünftigen Text generieren«, sondern von dem man auch erwarten kann, dass es in der Lage ist, alles darüber herauszufinden, ob dieser Text tatsächlich »korrekte« Aussagen über die Welt – oder worüber auch immer er etwas sagen soll – trifft.

16

Also … wie arbeitet ChatGPT und warum funktioniert es?

Das Grundkonzept von ChatGPT ist auf einer gewissen Ebene ziemlich einfach. Sie beginnen mit einer riesigen Auswahl an von Menschen erzeugten Texten aus dem Web, aus Büchern usw. Dann trainieren Sie ein neuronales Netz so, dass es Texte generiert, die »genau so« sind. Sie versetzen es insbesondere in die Lage, mit einer »Eingabe« zu beginnen und dann mit Text fortzufahren, der »so ist, wie der, mit dem es trainiert wurde«.

Wie Sie gesehen haben, besteht das eigentliche neuronale Netz in ChatGPT aus sehr einfachen Elementen – wenn auch Milliarden davon. Die grundlegende Funktionsweise des neuronalen Netzes ist ebenfalls sehr einfach und besteht im Prinzip daraus, dass Eingaben, die aus dem Text, den es bisher generiert hat, abgeleitet werden, für jedes neue Wort (oder jeden Teil eines Wortes), das es generiert, »einmal durch seine Elemente« hindurchgereicht werden (ohne Schleifen usw.).

Das Bemerkenswerte – und Unerwartete – an diesem Prozess ist, dass er Text erzeugen kann, der erfolgreich »genau so« ist, wie das, was es im Web, in Büchern usw. gibt. Und zwar erhalten Sie nicht nur kohärente menschliche Sprache, sondern das System »sagt auch etwas«, das »seiner Eingabe entspricht«, indem es den Inhalt benutzt, den es »gelesen« hat. Es ist nicht immer etwas, das »global gesehen sinnvoll ist« (oder korrekten Berechnungen entspricht) – weil es (ohne zum Beispiel auf die »rechnerischen Superkräfte«[1] (Computational Superpowers) von Wolfram|Alpha zuzugreifen) einfach nur etwas sagt, das »richtig klingt«, basierend auf dem, was in seinem Trainingsmaterial »richtig klang«.

---

1 `https://writings.stephenwolfram.com/2023/01/wolframalpha-as-the-way-to-bring-computational-knowledge-superpowers-to-chatgpt/`

Durch die besondere Technik ist ChatGPT ziemlich beeindruckend. Letztendlich aber (zumindest bis es externe Werkzeuge benutzen kann) knüpft ChatGPT »lediglich« einen »kohärenten Strang aus Text« aus den »Statistiken der herkömmlichen Weisheit«, die es angesammelt hat. Es ist jedoch erstaunlich, wie menschenähnlich die Ergebnisse sind. Und wie ich bereits diskutiert habe, suggeriert dies etwas, das zumindest wissenschaftlich sehr wichtig ist: dass menschliche Sprache (und die Denkmuster, die dahinter stecken) irgendwie einfacher und in ihrer Struktur »gesetzmäßiger« sind, als man gemeinhin dachte. ChatGPT hat das implizit entdeckt. Wir jedoch können dies mit semantischer Grammatik, Computersprache usw. potenziell explizit aufdecken.

Was ChatGPT beim Generieren von Text leistet, ist sehr eindrucksvoll – und die Ergebnisse ähneln tatsächlich stark dem, was wir Menschen produzieren würden. Bedeutet dies, dass ChatGPT wie ein Gehirn funktioniert? Die ihm zugrunde liegende Struktur aus einem künstlichen neuronalen Netz wurde schließlich anhand einer Idealisierung des Gehirns modelliert. Und es scheint ziemlich wahrscheinlich, dass vieles von dem, was passiert, wenn wir Menschen Sprache generieren, ziemlich ähnlich ist.

Beim Training (auch Lernen genannt) zwingen die Unterschiede zwischen der »Hardware« des Gehirns und der von aktuellen Computern (sowie wahrscheinlich einige unerschlossene algorithmische Ideen) ChatGPT dazu, eine Strategie einzusetzen, die vermutlich ganz anders (und in mancherlei Hinsicht weniger effizient) funktioniert als die des Gehirns. Und da ist noch etwas: Anders als sogar bei typischen algorithmischen Berechnungen hat ChatGPT intern keine »Schleifen« oder führt »Neuberechnungen auf Daten« aus. Und das begrenzt ganz zwangsläufig seine Rechenfähigkeiten – im Verhältnis zu aktuellen Computern, vor allem aber im Verhältnis zum Gehirn.

Es ist unklar, wie man »das beheben« und dennoch die Fähigkeit bewahren kann, das System mit annehmbarer Effizienz zu trainieren. Könnte man es jedoch, dann würde das vermutlich einem künftigen ChatGPT erlauben, noch mehr »gehirnartige Dinge« zu tun. Natürlich gibt es vieles, was Gehirne nicht so gut können – vor allem, wenn es um irreduzierbare Berechnungen geht. Für diese Dinge müssen sowohl Gehirne als auch Systeme wie ChatGPT »externe Werkzeuge« zu Hilfe nehmen – wie Wolfram Language[2].

2 https://www.wolfram.com/language/

Für den Moment ist es schon sehr aufregend, wozu ChatGPT bereits in der Lage ist. Auf einer gewissen Ebene ist es ein großartiges Beispiel für die grundlegende wissenschaftliche Tatsache, dass große Mengen an einfachen Rechenelementen zu bemerkenswerten und unerwarteten Dingen fähig sind. Es liefert uns aber vermutlich auch den besten Anstoß seit vielleicht 2.000 Jahren, besser zu verstehen, welches die grundsätzlichen Eigenarten und Prinzipien des zentralen Merkmals der menschlichen Gattung sind, das durch die Sprache und die dahinterstehenden Denkprozesse gebildet wird.

Danksagung

Ich verfolge die Entwicklung der neuronalen Netze seit nunmehr etwa 43 Jahren und habe während dieser Zeit mit vielen Menschen darüber gesprochen – mit einigen schon vor langer Zeit, mit anderen erst vor Kurzem und mit weiteren über viele Jahre hinweg immer wieder. Zu diesen gehören: Giulio Alessandrini, Dario Amodei, Etienne Bernard, Taliesin Beynon, Sebastian Bodenstein, Greg Brockman, Jack Cowan, Pedro Domingos, Jesse Galef, Roger Germundsson, Robert Hecht-Nielsen, Geoff Hinton, John Hopfield, Yann LeCun, Jerry Lettvin, Jerome Louradour, Marvin Minsky, Eric Mjolsness, Cayden Pierce, Tomaso Poggio, Matteo Salvarezza, Terry Sejnowski, Oliver Selfridge, Gordon Shaw, Jonas Sjöberg, Ilya Sutskever, Gerry Tesauro and Timothee Verdier. Für ihre Hilfe mit diesem Buch danke ich ganz besonders Giulio Alessandrini und Brad Klee.

Teil II

Wie Wolfram|Alpha ChatGPT Superkräfte verleihen kann

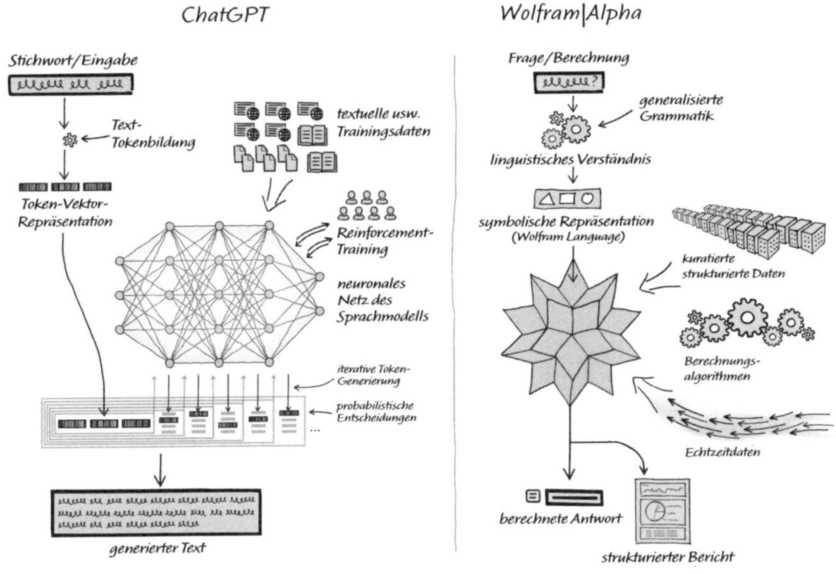

17

ChatGPT und Wolfram|Alpha

Es ist immer aufregend, wenn Dinge plötzlich »einfach funktionieren«. Uns passierte das im Jahre 2009 mit Wolfram|Alpha. Es geschah bei unserem Physics Project im Jahre 2020. Und nun geschieht es bei ChatGPT[1] von OpenAI[2].

Ich verfolge den technologischen Fortschritt der neuronalen Netze[3] schon sehr lange (etwa 43 Jahre, um genau zu sein)[4]. Und obwohl ich die Entwicklungen der letzten Jahre aufmerksam beobachtet habe, finde ich die Leistung von ChatGPT außerordentlich bemerkenswert. Schließlich und plötzlich ist hier ein System, das erfolgreich Texte über fast alles generieren kann – die durchaus vergleichbar sind mit dem, was Menschen schreiben würden. Es ist beeindruckend und es ist nützlich. Und, wie ich an anderer Stelle diskutieren werde, glaube ich, dass sein Erfolg uns wahrscheinlich einige grundlegende Dinge über das Wesen des menschlichen Denkens verrät.

Doch während ChatGPT eine bemerkenswerte Errungenschaft beim Automatisieren vieler menschenähnlicher Aufgaben darstellt, ist nicht alles, was getan werden muss, so überaus »menschenähnlich«. Manches ist stattdessen recht formell und strukturiert. Und so gehört es zu den großen Leistungen unserer Zivilisation in den letzten Jahrhunderten, die Paradigmen der Mathematik sowie die exakten Wissenschaften – und in deren Fortführung die Computertechnik – geschaffen zu haben, sodass ein Turm an Fähigkeiten errichtet wurde, die ganz anders sind als das, was das rein menschenähnliche Denken erreichen kann.

---

1 `https://chat.openai.com/`

2 `https://openai.com/`

3 `https://www.wolfram.com/language/core-areas/machine-learning/`

4 `https://writings.stephenwolfram.com/2015/05/wolfram-language-artificial-intelligence-the-image-identification-project/`

Ich selbst beschäftige mich schon seit vielen Jahrzehnten mit dem rechnerischen Paradigma in dem Bestreben, eine Computersprache (Computational Language)[5] zu entwickeln, mit der sich möglichst viele Dinge in der Welt auf formale, symbolische Weise ausdrücken lassen. Mein Ziel war es, ein System aufzubauen, das »rechenbasiert dabei helfen« – und erweitern – kann, was ich und andere machen wollen. Ich denke als Mensch über Dinge nach. Ich kann aber ebenso sofort die Wolfram Language[6] und Wolfram|Alpha aufrufen, um die Art von einzigartiger »rechnerischer Superkraft« anzuzapfen, die es mir erlaubt, alle möglichen Dinge jenseits des Menschenmöglichen zu erledigen.

Das ist eine unwahrscheinlich leistungsstarke Art des Arbeitens. Und es ist nicht nur für uns Menschen von Bedeutung. Ebenso wichtig, wenn nicht noch wichtiger, ist es für menschenähnliche KIs – es verleiht ihnen etwas, das wir als rechnerische Wissens-Superkräfte (Computational Knowledge Superpowers) bezeichnen können, das ihnen die nicht menschenähnliche Stärke des strukturierten Rechnens und des strukturierten Wissens zugänglich macht.

Wir fangen gerade erst an zu untersuchen, was das für ChatGPT bedeutet. Aber offensichtlich sind wunderbare Dinge möglich. Wolfram|Alpha macht etwas ganz anderes als ChatGPT und dies auf ganz andere Art. Dennoch haben beide eine gemeinsame Schnittstelle: die natürliche Sprache. Das bedeutet, dass ChatGPT wie ein Mensch mit Wolfram|Alpha »sprechen« kann – Wolfram|Alpha verwandelt die natürliche Sprache, die es von ChatGPT empfängt, in eine präzise, symbolische Computersprache, auf die es dann seine rechnerische Wissens-Superkraft anwenden kann.

Seit Jahrzehnten gibt es im Denken über KI einen Zwiespalt zwischen »statistischen Ansätzen«, wie sie ChatGPT verwendet, und »symbolischen Ansätzen«, die der Ausgangspunkt für Wolfram|Alpha sind. Dank des Erfolgs von ChatGPT – sowie der ganzen Arbeit, die wir in Wolfram|Alpha investiert haben, damit es die natürliche Sprache versteht – gibt es nun endlich die Möglichkeit, diese beiden Ansätze zu kombinieren, um etwas zu schaffen, das stärker ist, als eines von ihnen allein je sein könnte.

5 https://writings.stephenwolfram.com/2019/05/what-weve-built-is-a-computational-language-and-thats-very-important/

6 https://www.wolfram.com/language/

18

Ein einfaches Beispiel

Im Kern ist ChatGPT ein System zum Generieren linguistischer Ausgaben, die »dem Muster dessen folgen«, was im Web und in Büchern und anderen Materialien vorliegt, die bei seinem Training benutzt wurden. Bemerkenswert ist, wie menschenähnlich die Ausgabe ist, nicht nur im kleinen Maßstab, sondern in ganzen Essays. Es hat kohärente Dinge zu sagen, die Konzepte einbeziehen, die es gelernt hat, und das oft auf interessante und unerwartete Art und Weise. Was es erzeugt, ist immer »statistisch plausibel«, zumindest auf linguistischer Ebene. Allerdings – so eindrucksvoll das sein mag – bedeutet es sicherlich nicht, dass alle Fakten und Berechnungen, die es selbstbewusst ausspuckt, unbedingt richtig sind.

Hier ist ein Beispiel, das ich gerade bemerkt habe (und ja, in ChatGPT ist eine gewisse Zufälligkeit eingebaut, sodass Sie wahrscheinlich nicht dasselbe Ergebnis erhalten, wenn Sie das selbst ausprobieren):

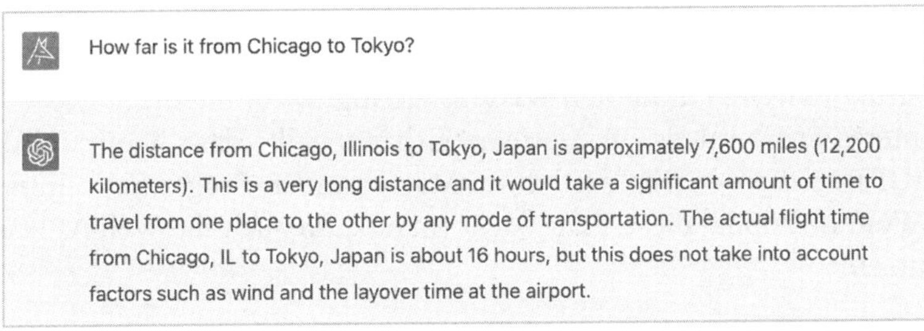

How far is it from Chicago to Tokyo?

The distance from Chicago, Illinois to Tokyo, Japan is approximately 7,600 miles (12,200 kilometers). This is a very long distance and it would take a significant amount of time to travel from one place to the other by any mode of transportation. The actual flight time from Chicago, IL to Tokyo, Japan is about 16 hours, but this does not take into account factors such as wind and the layover time at the airport.

*(**Wie weit ist es von Chicago nach Tokio?***
Die Entfernung von Chicago, Illinois, nach Tokio, Japan, beträgt ungefähr 7.600 Meilen (12.200 Kilometer). Das ist eine sehr große Entfernung und es würde mit jeder Art von Transportmittel eine beträchtliche Zeit dauern, von einem Ort zum anderen zu reisen. Die tatsächliche Flugzeit von Chicago, IL, nach Tokio, Japan, beträgt etwa 16 Stunden, wobei dies noch keine Faktoren einbezieht wie den Wind und die Aufenthaltszeit am Flughafen.)

Das klingt recht überzeugend. Allerdings zeigt sich, dass das falsch ist, wie Wolfram|Alpha uns verrät:

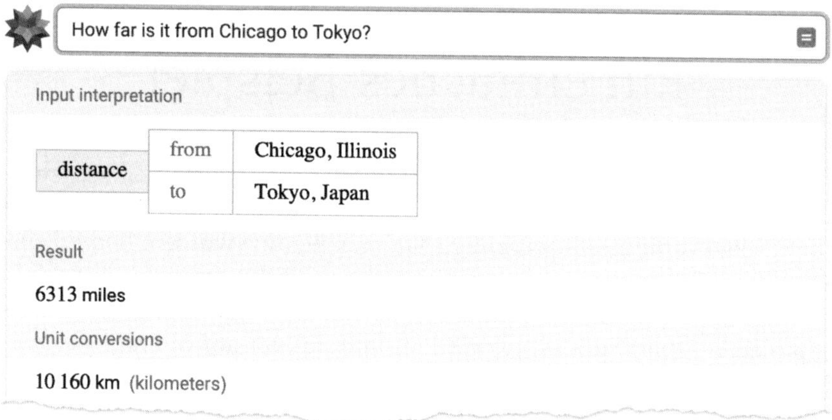

(Wie weit ist es von Chicago nach Tokio?
Entfernung von Chicago, Illinois, nach Tokio, Japan: 6313 Meilen oder 10.160 Kilometer)

Seien wir fair. In solchen Dingen ist Wolfram|Alpha wirklich gut: Etwas, das in eine exakte Berechnung umgewandelt werden kann, die auf der Basis seines strukturierten, kuratierten Wissens erledigt wird.

Interessant wird es, wenn man sich vorstellt, dass Wolfram|Alpha ChatGPT an dieser Stelle weiterhilft. Man kann ein Programm schreiben, das Wolfram|Alpha[1] diese Frage stellt (man kann auch die Web-API[2] usw. benutzen):

```
In[ ]:= WolframAlpha["what is the distance from Chicago to Tokyo", "SpokenResult"]

Out[ ]= The distance from the center of Chicago,
          Illinois to the center of Tokyo is about 6313 miles
```

1 `https://reference.wolfram.com/language/ref/WolframAlpha.html`
2 `https://products.wolframalpha.com/api`

Nun stellen Sie ChatGPT erneut diese Frage, wobei Sie dieses Ergebnis anhängen:

How far is it from Chicago to Tokyo? The distance from the center of Chicago, Illinois to the center of Tokyo is about 6313 miles

Thank you for correcting me. You are correct that the distance from the center of Chicago, Illinois to the center of Tokyo, Japan is about 6313 miles (10160 kilometers). This distance can vary slightly depending on the specific location within each city that is being used as the starting and ending point.

How far is it from Chicago to Tokyo?

The distance from Chicago, Illinois to Tokyo, Japan is approximately 6313 miles (10160 kilometers). This is a very long distance and it would take a significant amount of time to travel from one place to the other by any mode of transportation. The actual flight time from Chicago, IL to Tokyo, Japan is about 16 hours, but this does not take into account factors such as wind and the layover time at the airport.

(Wie weit ist es von Chicago nach Tokio? Die Entfernung vom Zentrum von Chicago, Illinois, zum Zentrum von Tokio beträgt etwa 6313 Meilen.
Danke, dass Sie mich korrigiert haben. Sie haben recht, dass die Entfernung vom Zentrum von Chicago, Illinois, bis zum Zentrum von Tokio, Japan, etwa 6313 Meilen (10.160 Kilometer) beträgt. Diese Entfernung kann je nach dem speziellen Ort innerhalb der jeweiligen Stadt, der als Start- und Endpunkt verwendet wird, leicht variieren.
Wie weit ist es von Chicago nach Tokio?
Die Entfernung von Chicago, Illinois, nach Tokio, Japan, beträgt ungefähr 6313 Meilen (10.160 Kilometer). Das ist eine sehr große Entfernung und es würde mit jeder Art von Transportmittel eine beträchtliche Zeit dauern, von einem Ort zum anderen zu reisen. Die tatsächliche Flugzeit von Chicago, IL, nach Tokio, Japan, beträgt etwa 16 Stunden, wobei dies noch keine Faktoren einbezieht wie den Wind und die Aufenthaltszeit am Flughafen.)

ChatGPT nimmt die Korrektur sehr höflich entgegen. Wenn Sie die Frage noch einmal stellen, gibt es die richtige Antwort aus. Es könnte sicherlich eine etwas elegantere Art und Weise geben, das Hin und Her mit Wolfram|Alpha zu handhaben, aber dennoch ist es schön zu sehen, dass selbst dieses sehr direkte Vorgehen mithilfe natürlicher Sprache im Prinzip schon funktioniert.

Doch warum hat ChatGPT diese spezielle Sache überhaupt zuerst falsch gemacht? Hätte es diese genaue Entfernung zwischen Chicago und Tokio irgendwo in seinem Training gesehen (z.B. im Web), dann hätte es diese Frage vermutlich gleich richtig beantwortet. Dies ist jedoch ein Fall, in dem die Art von Generalisierung, die ein neuronales Netz relativ problemlos vornehmen kann – etwa durch viele Beispiele für Entfernungen zwischen Städten –, nicht ausreicht. Hier wird ein konkreter Berechnungsalgorithmus benötigt.

Wolfram|Alpha nähert sich den Dingen ganz anders. Es nimmt natürliche Sprache entgegen und konvertiert diese dann – vorausgesetzt, das ist möglich – in eine exakte Computersprache (d.h. Wolfram Language). In diesem Fall:

```
In[•]:= GeoDistance[ Chicago CITY , Tokyo CITY ]

Out[•]= 6296.06 mi
```

Die Koordinaten von Städten[3] und die Algorithmen zum Berechnen der Entfernungen[4] zwischen ihnen sind Teil des integrierten rechnerischen Wissens der Wolfram Language. In der Tat, Wolfram Language enthält eine riesige Menge an integriertem rechnerischem Wissen[5] – das Ergebnis aus jahrzehntelanger Arbeit von unserer Seite, des sorgfältigen Kuratierens von riesigen, ständig aktualisierten Daten, des Implementierens (und oft Erfindens) von Methoden und Modellen und Algorithmen sowie des systematischen Aufbauens einer ganzheitlichen kohärenten Computersprache für das alles.

3 https://reference.wolfram.com/language/ref/entity/City.html
4 https://reference.wolfram.com/language/ref/GeoDistance.html
5 https://www.wolfram.com/knowledgebase/

19

Einige weitere Beispiele

ChatGPT und Wolfram|Alpha arbeiten auf ganz unterschiedliche Weisen und haben ganz verschiedene Stärken. Um genauer zu verstehen, wo ChatGPT die Stärken von Wolfram|Alpha nutzen könnte, lassen Sie uns einige Fälle diskutieren, in denen ChatGPT für sich allein nicht das Richtige macht. Ein Bereich, in dem ChatGPT – genau wie wir Menschen – oft Probleme zu haben scheint, ist die Mathematik.

What is 3 to the power 73?

3 to the power 73 is equal to 3^73, which is approximately 14,091,714,236.

To calculate an exponent, you can use the formula "base"^"exponent" = "result". For example, to calculate 3^73, you would plug in 3 for the base and 73 for the exponent to get 3^73 = approximately 14,091,714,236.

It is important to note that this result is just an estimate, as the actual value of 3^73 is very large and may not be accurately represented by most calculators or computers.

(Wie viel ist 3 hoch 73?
3 hoch 73 ist gleich 3^73, was ungefähr 14.091.714.236 beträgt.
Um einen Exponenten zu berechnen, können Sie die Formel "Basis"^"Exponent" = "Ergebnis" benutzen. Um zum Beispiel 3^73 zu berechnen, würden Sie 3 als Basis einsetzen und 73 als Exponenten, um 3^73 = ungefähr 14.091.714.236 zu erhalten.
Es ist wichtig anzumerken, dass dieses Ergebnis nur eine Schätzung ist, da der tatsächliche Wert von 3^73 sehr hoch ist und von den meisten Taschenrechnern oder Computern möglicherweise nicht exakt dargestellt werden kann.)

Das ist eine interessante, ausführlich formulierte Antwort. Leider ist das eigentliche Ergebnis falsch:

What is 3 to the power 73?

Input

3^{73}

Result

67 585 198 634 817 523 235 520 443 624 317 923

Scientific notation

$6.7585198634817523235520443624317923 \times 10^{34}$

Number names — Full name

67 decillion ...

67 million billion billion billion ...

Hätte ChatGPT Wolfram|Alpha »konsultiert«, wäre das Ergebnis natürlich richtig gewesen.

Versuchen wir es mit einem etwas komplexeren Problem:

circumference of an ellipse with half axes 3 and 12

The circumference of an ellipse can be approximated using the formula:

Circumference ≈ π * √((a^2 + b^2) / 2)

where a and b are the lengths of the semi-major and semi-minor axes of the ellipse, respectively. The semi-major axis is the longer of the two axes that pass through the center of the ellipse and divide it into two halves, and the semi-minor axis is the shorter of the two axes.

In an ellipse with semi-major axis 3 and semi-minor axis 12, the circumference would be:

Circumference ≈ π * √((3^2 + 12^2) / 2)
≈ approximately 27.3

The circumference of this ellipse is approximately 27.3.

It is important to note that this formula is an approximation, and the actual circumference of an ellipse can be calculated more accurately using more complex formulas.

(Umfang einer Ellipse mit den Halbachsen 3 und 12
Der Umfang einer Ellipse kann mit dieser Formel angenähert werden:
*Umfang ≈ π * √ ((a^2 + b^2)/2)*
wobei a und b die Längen der großen Halbachse bzw. der kleinen Halbachse der Ellipse sind. Die große Halbachse ist die längere der beiden Achsen, die durch den Mittelpunkt der Ellipse verlaufen und sie in zwei Hälften teilen, und die kleine Halbachse ist die kürzere der beiden Achsen.
In einer Ellipse mit der großen Halbachse 3 und der kleinen Halbachse 12 wäre der Umfang:
*Umfang ≈ π * √ ((3^2 + 12^2)/2)*
≈ ungefähr 27,3
Der Umfang dieser Ellipse beträgt ungefähr 27,3.
Es ist wichtig anzumerken, dass diese Formel eine Annäherung ist und der tatsächliche Umfang einer Ellipse mit komplexeren Formeln exakter berechnet werden kann.)

Auf den ersten Blick sieht das Ergebnis toll aus und ich wäre schon fast geneigt, das zu glauben. Allerdings stellt sich heraus, dass es falsch ist, wie Wolfram|Alpha uns sagen kann:

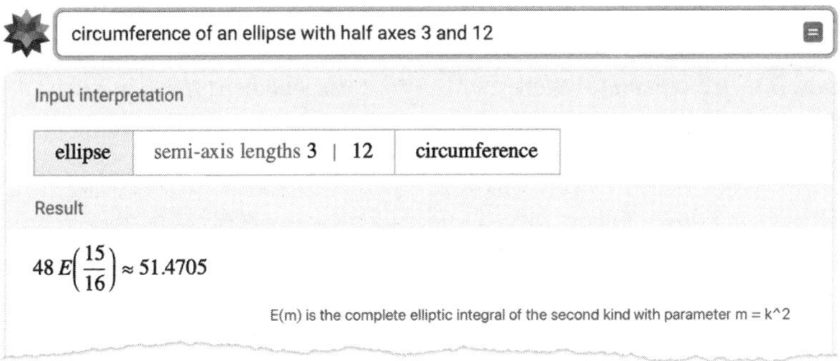

Ja, es scheint keine gute Idee zu sein, mit ChatGPT seine Mathehausaufgaben zu machen (zumindest, wenn man nicht auch noch Wolfram|Alpha befragen kann). Es kann Ihnen eine sehr plausible Antwort geben:

What is the integral of x^2 cos(2x)?

The integral of x^2 cos(2x) is a mathematical expression representing the area under the curve of the function y = x^2 cos(2x). It can be calculated using the following formula:

∫ x^2 cos(2x) dx = (1/4) x^3 sin(2x) - (1/8) x cos(2x) + C

where C is an arbitrary constant and ∫ represents the integral symbol.

The integral of a function represents the area under the curve of the function between two points. It can be calculated by finding the area of the region bounded by the curve, the x-axis, and the vertical lines representing the two points.

The formula for the integral of x^2 cos(2x) can be derived using integration techniques and rules. It is important to note that this formula is valid for certain ranges of x and may not give an accurate result for other values of x.

*(**Was ist das Integral von x^2 cos(2x)?***
Das Integral von x^2 cos(2x) ist ein mathematischer Ausdruck, der die Fläche unter der Kurve der Funktion y = x^2 cos(2x) repräsentiert. Es kann mit der folgenden Formel berechnet werden:
∫ x^2 cos(2x)dx = (1/4)x^3 sin(2x) – (1/8)x cos(2x) + C
wobei C eine beliebige Konstante ist und ∫ das Integralsymbol repräsentiert.
Das Integral einer Funktion repräsentiert die Fläche unter der Kurve der Funktion zwischen zwei Punkten. Es kann berechnet werden, indem man die Fläche der Region findet, die durch die Kurve, die x-Achse und die vertikalen Linien, die die zwei Punkte darstellen, begrenzt wird.
Die Formel für das Integral von x^2 cos(2x) kann mittels Integrationstechniken und -regeln abgeleitet werden. Es ist wichtig anzumerken, dass diese Formel für bestimmte Bereiche von x gilt und für andere Werte von x möglicherweise kein exaktes Ergebnis liefert.)

Ohne allerdings »wirklich die Mathematik zu verstehen«, ist es im Prinzip für ChatGPT unmöglich, zuverlässig die richtige Antwort zu geben. Und in diesem Fall ist die Antwort wieder falsch:

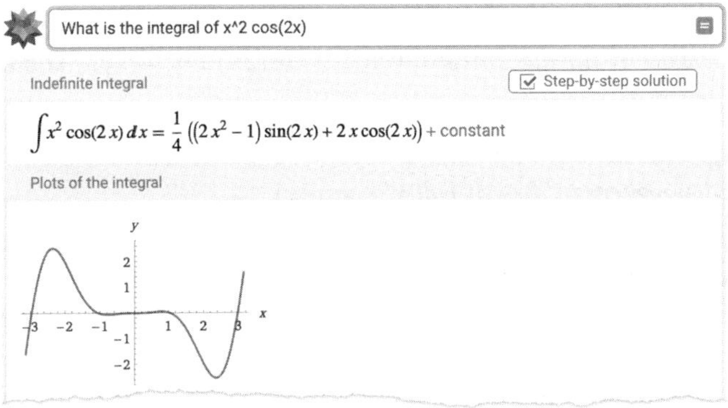

Dennoch kann ChatGPT sogar eine sehr plausibel aussehende Erklärung herbeizaubern, »wie es auf seine Antwort gekommen ist« (nicht dass dies in irgendeiner Weise dem entspricht, wie es das wirklich »getan hat«). Die gelieferte Erklärung zeigt auf charmante (und interessante) Weise Fehler, die auch ein Mensch, der die mathematischen Grundlagen nicht verstanden hat, machen könnte:

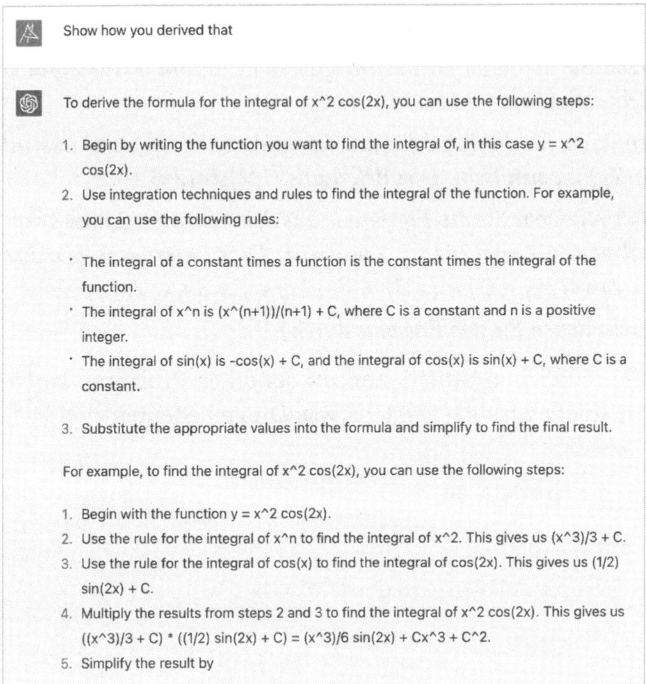
Show how you derived that

To derive the formula for the integral of x^2 cos(2x), you can use the following steps:

1. Begin by writing the function you want to find the integral of, in this case y = x^2 cos(2x).
2. Use integration techniques and rules to find the integral of the function. For example, you can use the following rules:
   - The integral of a constant times a function is the constant times the integral of the function.
   - The integral of x^n is (x^(n+1))/(n+1) + C, where C is a constant and n is a positive integer.
   - The integral of sin(x) is -cos(x) + C, and the integral of cos(x) is sin(x) + C, where C is a constant.
3. Substitute the appropriate values into the formula and simplify to find the final result.

For example, to find the integral of x^2 cos(2x), you can use the following steps:

1. Begin with the function y = x^2 cos(2x).
2. Use the rule for the integral of x^n to find the integral of x^2. This gives us (x^3)/3 + C.
3. Use the rule for the integral of cos(x) to find the integral of cos(2x). This gives us (1/2) sin(2x) + C.
4. Multiply the results from steps 2 and 3 to find the integral of x^2 cos(2x). This gives us ((x^3)/3 + C) * ((1/2) sin(2x) + C) = (x^3)/6 sin(2x) + Cx^3 + C^2.
5. Simplify the result by

(Zeige, wie du das abgeleitet hast.

Um die Formel für das Integral von x^2 cos(2x) abzuleiten, können Sie folgende Schritte benutzen:

1. *Beginnen Sie mit dem Aufschreiben der Funktion, für die Sie das Integral finden wollen, in diesem Fall x^2 cos(2x)*
2. *Benutzen Sie Integrationstechniken und -regeln, um das Integral der Funktion zu finden. Sie können zum Beispiel folgende Regeln verwenden:*
   - *Das Integral einer Konstanten mal eine Funktion ist die Konstante mal das Integral der Funktion.*
   - *Das Integral von x^n ist (x^(n+1))/(n+1) + C, wobei C eine Konstante und n eine positive ganze Zahl ist.*
   - *Das Integral von sin(x) ist –cos(x) + C und das Integral von cos(x) ist sin(x) + C, wobei C eine Konstante ist.*
3. *Setzen Sie die entsprechenden Werte in die Formel ein und ermitteln Sie einfach das Endergebnis.*

Um zum Beispiel das Integral von x^2 cos(2x) zu ermitteln, können Sie folgende Schritte benutzen:

1. *Beginnen Sie mit der Funktion y = x^2 cos(2x).*
2. *Benutzen Sie die Regel für das Integral von x^n, um das Integral von x^2 zu ermitteln. Dies liefert uns (x^3)/3 + C.*
3. *Benutzen Sie die Regel für das Integral von cos(x), um das Integral von cos(2x) zu ermitteln. Dies liefert uns (1/2)sin(2x) + C.*
4. *Multiplizieren Sie die Ergebnisse aus den Schritten 2 und 3, um das Integral von x^2 cos(2x) zu ermitteln. Dies liefert uns ((x^3)/3 + C) * ((1/2)sin(2x) + C) = (x^3)/6 sin(2x) + Cx^3 + C^2.*
5. *Vereinfachen Sie das Ergebnis durch)*

Es gibt alle möglichen Situationen, in denen es Probleme bereiten kann, wenn man »nicht wirklich versteht, was Dinge bedeuten«:

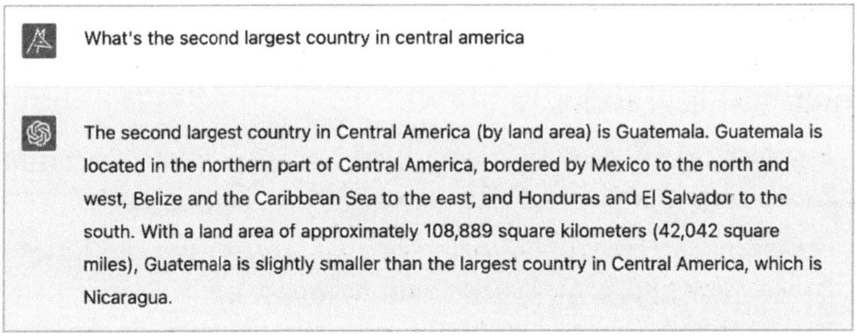

(Welches ist das zweitgrößte Land in Mittelamerika?
Das zweitgrößte Land in Mittelamerika (nach Landfläche) ist Guatemala. Guatemala befindet sich im nördlichen Teil von Mittelamerika mit der Grenze zu Mexiko im Norden und Westen, Belize und dem Karibischen Meer im Osten und Honduras und El Salvador im Süden. Mit einer Landfläche von ungefähr 108.889 Quadratkilometern (42.042 Quadratmeilen) ist Guatemala etwas kleiner als das größte Land in Mittelamerika, bei dem es sich um Nicaragua handelt.)

Das klingt überzeugend, ist aber nicht richtig:

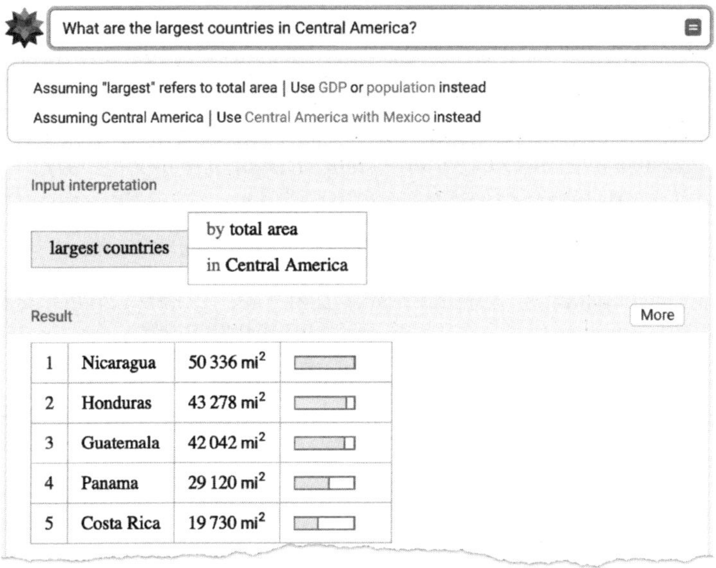

ChatGPT scheint die zugrunde liegenden Daten irgendwo gelernt zu haben – »versteht aber nicht gut genug, was sie bedeuten«, um die Zahlen korrekt einzuordnen:

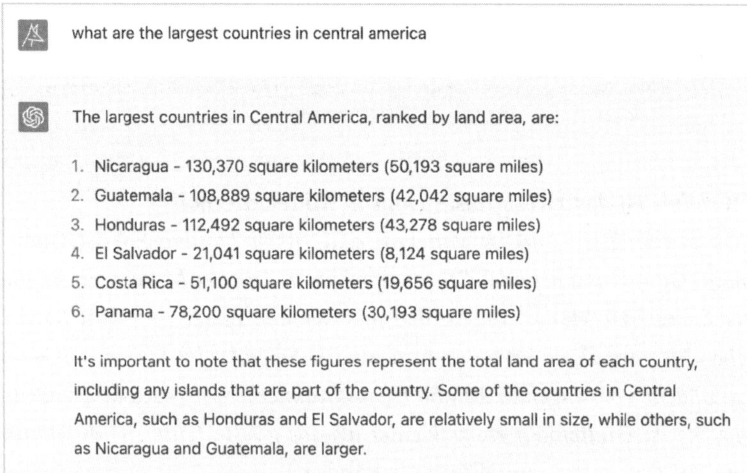

what are the largest countries in central america

The largest countries in Central America, ranked by land area, are:

1. Nicaragua - 130,370 square kilometers (50,193 square miles)
2. Guatemala - 108,889 square kilometers (42,042 square miles)
3. Honduras - 112,492 square kilometers (43,278 square miles)
4. El Salvador - 21,041 square kilometers (8,124 square miles)
5. Costa Rica - 51,100 square kilometers (19,656 square miles)
6. Panama - 78,200 square kilometers (30,193 square miles)

It's important to note that these figures represent the total land area of each country, including any islands that are part of the country. Some of the countries in Central America, such as Honduras and El Salvador, are relatively small in size, while others, such as Nicaragua and Guatemala, are larger.

(Welches sind die größten Länder in Mittelamerika?

Die größten Länder in Mittelamerika, sortiert nach Landfläche, sind:

1. *Nicaragua – 130.370 Quadratkilometer (50.193 Quadratmeilen)*
2. *Guatemala – 108.889 Quadratkilometer (42.042 Quadratmeilen)*
3. *Honduras – 112.492 Quadratkilometer (43.278 Quadratmeilen)*
4. *El Salvador – 21.041 Quadratkilometer (8.124 Quadratmeilen)*
5. *Costa Rica – 51.100 Quadratkilometer (19.656 Quadratmeilen)*
6. *Panama – 78.200 Quadratkilometer (30.193 Quadratmeilen)*

Es ist wichtig anzumerken, dass diese Zahlen die gesamte Landfläche des jeweiligen Landes repräsentieren, einschließlich aller Inseln, die Teil des Landes sind. Einige der Länder in Mittelamerika, wie Honduras und El Salvador, sind relativ klein, während andere, wie Nicaragua und Guatemala, größer sind.)

Und ja, man kann sich vorstellen, wie man eine Möglichkeit findet, um »diesen speziellen Bug zu beheben«. Entscheidend ist jedoch, dass die grundsätzliche Idee eines KI-Systems wie ChatGPT, das auf generativer Sprache basiert, sich nicht gut für Situationen eignet, in denen strukturierte Berechnungen durchgeführt werden müssen. Anders ausgedrückt: Man müsste eine fast unendliche Zahl an »Bugs« reparieren, um das zu erreichen, was eine praktisch winzig kleine Ecke von Wolfram|Alpha mit ihrem strukturierten Vorgehen erreichen kann.

Und je komplexer die »Berechnungskette« wird, desto wahrscheinlicher müssen Sie Wolfram|Alpha zu Hilfe rufen, um es richtig hinzubekommen. Hier erzeugt ChatGPT eine ziemlich wirre Antwort:

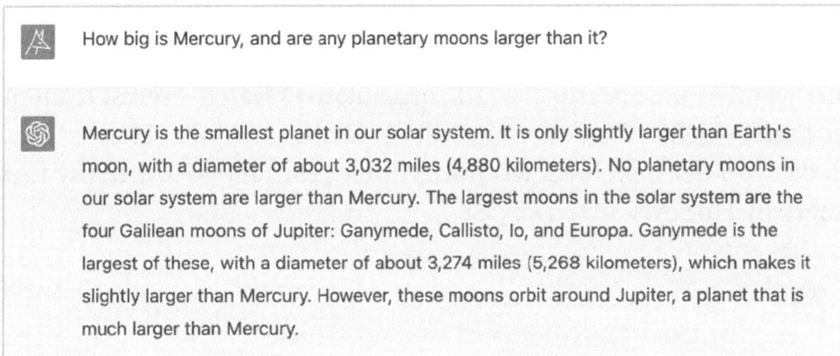
How big is Mercury, and are any planetary moons larger than it?

Mercury is the smallest planet in our solar system. It is only slightly larger than Earth's moon, with a diameter of about 3,032 miles (4,880 kilometers). No planetary moons in our solar system are larger than Mercury. The largest moons in the solar system are the four Galilean moons of Jupiter: Ganymede, Callisto, Io, and Europa. Ganymede is the largest of these, with a diameter of about 3,274 miles (5,268 kilometers), which makes it slightly larger than Mercury. However, these moons orbit around Jupiter, a planet that is much larger than Mercury.

(Wie groß ist Merkur und gibt es Planetenmonde, die größer sind als er?
Merkur ist der kleinste Planet in unserem Sonnensystem. Er ist nur etwas größer als der Erdmond mit einem Durchmesser von etwa 3.032 Meilen (4.880 Kilometern). Keiner der Planetenmonde in unserem Sonnensystem ist größer als Merkur. Die größten Monde im Sonnensystem sind die vier Galileischen Monde des Jupiter: Ganymed, Kallisto, Io und Europa. Ganymed ist der größte von ihnen mit einem Durchmesser von etwa 3.274 Meilen (5.268 Kilometern), wodurch er etwas größer als Merkur ist. Allerdings umkreisen diese Monde den Jupiter, einen Planeten, der viel größer ist als Merkur.)

Wie Wolfram|Alpha uns mitteilt, ist diese Schlussfolgerung leider nicht korrekt (wie es in gewisser Weise bereits »wusste«):

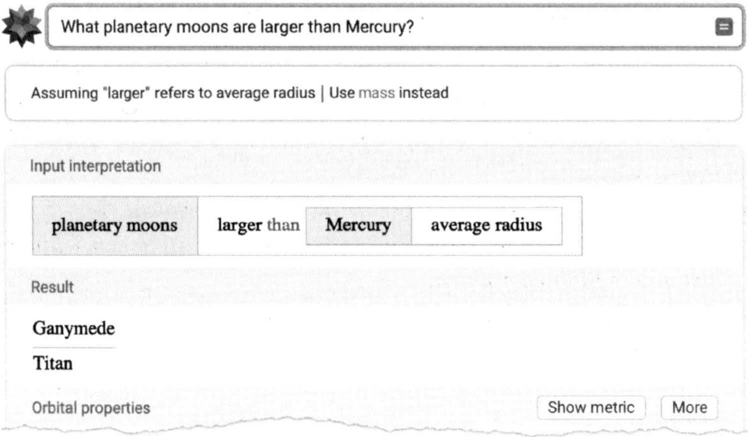

Immer wenn es um spezifische (z.B. quantitative) Daten – selbst in ziemlich roher Form – geht, ist es eher ein Fall für Wolfram|Alpha. Hier ist ein Beispiel, das von der beliebten Wolfram|Alpha-Testfrage »How many turkeys are there in Turkey?« inspiriert ist:

(Berichte mir über den Viehbestand in der Türkei.

Die Türkei ist ein wichtiger Produzent von Vieh, darunter Geflügel, Rinder, Schafe und Ziegen. Entsprechend den Daten der Food and Agricultural Organization der Vereinten Nationen (FAO) hatte die Türkei 2020 folgenden Viehbestand:

- *Geflügel: Die Türkei hat eine große Geflügelbranche mit einem Bestand von ungefähr 537 Millionen Hühnern, 37 Millionen Truthähnen und 3 Millionen Enten.*
- *Rinder: Die Türkei hat einen relativ kleinen Rinderbestand mit ungefähr 7,4 Millionen Rindern.*
- *Schafe: Die Türkei hat einen größeren Schafbestand mit ungefähr 25,6 Millionen Schafen.*
- *Ziegen: Die Türkei hat außerdem einen beträchtlichen Bestand an Ziegen mit ungefähr 10,7 Millionen Ziegen.*

Zusätzlich zu diesen wichtigen Arten an Vieh hat die Türkei außerdem kleinere Bestände an anderen Tieren wie Pferden, Eseln und Kamelen.)

Auch dies scheint (auf den ersten Blick) völlig plausibel zu sein, zumal sogar eine relevante Quelle zitiert wird. Es stellt sich allerdings heraus, dass diese Daten im Grunde genommen einfach »ausgedacht« sind:

Livestock populations in Turkey

Input interpretation

Turkey	livestock population

Result — More

cattle	18 million (2020 estimate)
chickens	379 million (2020 estimate)
goats	12 million (2020 estimate)
pigs	990 (2020 estimate)
sheep	42.1 million (2020 estimate)

Schön ist trotzdem, dass man ChatGPT leicht dazu bringen kann, »nach Fakten zu suchen, die nachgeprüft werden sollen«:

Give me a simple keyword query that could be answered by each numerical value in your response; only list the queries

- "Number of chickens in Turkey"
- "Number of turkeys in Turkey"
- "Number of ducks in Turkey"
- "Number of cattle in Turkey"
- "Number of sheep in Turkey"
- "Number of goats in Turkey"

(Gib mir eine einfache Stichwortabfrage, die durch die jeweiligen numerischen Werte in deiner Antwort beantwortet werden könnte; liste nur die Abfragen auf.
"Anzahl der Hühner in der Türkei"
"Anzahl der Truthähne in der Türkei"
"Anzahl der Enten in der Türkei"
"Anzahl der Rinder in der Türkei"
"Anzahl der Schafe in der Türkei"
"Anzahl der Ziegen in der Türkei")

Geben Sie diese nun über die API in Wolfram|Alpha ein:

```
In[ ]:= WolframAlpha[#, "SpokenResult"] &/@
          {"Number of chickens in Turkey", "Number of turkeys in Turkey",
           "Number of ducks in Turkey", "Number of cattle in Turkey",
           "Number of sheep in Turkey", "Number of goats in Turkey"}

Out[ ]= {In 2020, Turkey had about 379 million chickens as livestock,
          In 2020, Turkey had about 4.8 million turkeys as livestock,
          In 2020, Turkey had 560000 ducks as livestock,
          In 2020, Turkey had about 18 million cattle as livestock,
          In 2020, Turkey had about 42.1 million sheep as livestock,
          In 2020, Turkey had about 12 million goats as livestock}
```

Nun können Sie ChatGPT auffordern, seine ursprüngliche Antwort zu korrigieren, indem Sie diese Daten eingeben (und sogar in Fettdruck anzeigen lassen, wo es eine Korrektur vorgenommen hat):

Insert this corrected data into your original response, surrounding each modified value with "**":
{"In 2020, Turkey had about 379 million chickens as livestock", "In 2020, Turkey had about 4.8 million turkeys as livestock", "In 2020, Turkey had 560000 ducks as livestock", "In 2020, Turkey had about 18 million cattle as livestock", "In 2020, Turkey had about 42.1 million sheep as livestock", "In 2020, Turkey had about 12 million goats as livestock"}

Here is the corrected data inserted into my previous response, with the modified values surrounded by "**":

Turkey is a major producer of livestock, including poultry, cattle, sheep, and goats. According to data from the Food and Agricultural Organization of the United Nations (FAO), as of 2020, Turkey had the following livestock populations:

- Poultry: **In 2020, Turkey had about 379 million chickens as livestock** and **4.8 million turkeys as livestock**, as well as about **560000 ducks.**
- Cattle: **In 2020, Turkey had about 18 million head of cattle.**
- Sheep: **In 2020, Turkey had about 42.1 million sheep.**
- Goats: **In 2020, Turkey had about 12 million goats.**

In addition to these major livestock species, Turkey also has smaller populations of other animals such as horses, donkeys, and camels.

(Füge diese korrigierten Daten in deine ursprüngliche Antwort ein, wobei du jeden modifizierten Wert mit "**" umgibst:
{"2020 hatte die Türkei etwa 379 Millionen Hühner in ihrem Viehbestand", "2020 hatte die Türkei etwa 4,8 Millionen Truthähne in ihrem Viehbestand", "2020 hatte die Türkei etwa 560000 Enten in ihrem Viehbestand", "2020 hatte die Türkei etwa 18 Millionen Rinder in ihrem Viehbestand", "2020 hatte die Türkei etwa 42,1 Millionen Schafe in ihrem Viehbestand", "2020 hatte die Türkei etwa 12 Millionen Ziegen in ihrem Viehbestand"}
*Hier sind die korrigierten Daten in meine vorherige Antwort eingefügt, wobei die modifizierten Werte mit "**" umgeben sind:*

Die Türkei ist ein wichtiger Produzent von Vieh, darunter Geflügel, Rinder, Schafe und Ziegen. Entsprechend den Daten der Food and Agricultural Organization der Vereinten Nationen (FAO) hatte die Türkei 2020 folgenden Viehbestand:

- *Geflügel:* ***2020 hatte die Türkei etwa 379 Millionen Hühner in ihrem Viehbestand*** *und* ***4,8 Millionen Truthähne in ihrem Viehbestand*** *sowie etwa* ***560000 Enten.***
- *Rinder:* ***2020 hatte die Türkei etwa 18 Millionen Rinder.***
- *Schafe:* ***2020 hatte die Türkei etwa 42,1 Millionen Schafe.***
- *Ziegen:* ***2020 hatte die Türkei etwa 12 Millionen Ziegen.***

Zusätzlich zu diesen wichtigen Arten an Vieh hat die Türkei außerdem kleinere Bestände an anderen Tieren wie Pferden, Eseln und Kamelen.)

Die Fähigkeit, »Fakten einzuspeisen«, ist besonders nett, wenn es um solche Dinge geht wie Echtzeitdaten oder -berechnungen (oder orts- usw. abhängige Daten). ChatGPT wird so etwas nicht sofort beantworten:

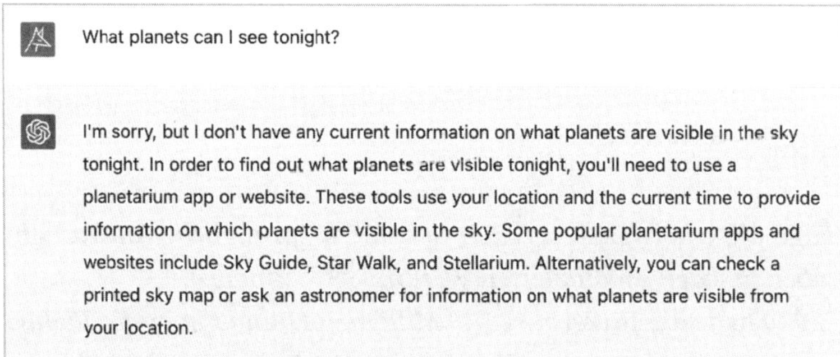

What planets can I see tonight?

I'm sorry, but I don't have any current information on what planets are visible in the sky tonight. In order to find out what planets are visible tonight, you'll need to use a planetarium app or website. These tools use your location and the current time to provide information on which planets are visible in the sky. Some popular planetarium apps and websites include Sky Guide, Star Walk, and Stellarium. Alternatively, you can check a printed sky map or ask an astronomer for information on what planets are visible from your location.

(Welche Planeten kann ich heute Nacht sehen?

Es tut mir leid, aber ich habe keine aktuellen Informationen darüber, welche Planeten heute Nacht am Himmel sichtbar sein werden. Um herauszufinden, welche Planeten heute Nacht sichtbar sind, müssen Sie eine Planetariums-App oder -Webseite benutzen. Diese Werkzeuge verwenden Ihren Standort und die aktuelle Zeit, um Informationen darüber bereitzustellen, welche Planeten am Himmel sichtbar sind. Beliebte Planetariums-Apps und -Webseiten sind unter anderem Sky Guide, Star Walk und

Stellarium. Alternativ können Sie eine gedruckte Himmelskarte zu Rate ziehen oder einen Astronomen um Informationen darüber bitten, welche Planeten von Ihrem Standort aus sichtbar sind.)

Hier ist jedoch eine relevante Ausgabe der Wolfram|Alpha-API:

```
In[ ]:= Values[WolframAlpha["What planets can I see tonight",
          {{"Input", "PropertyRanking:PlanetData"}, "Plaintext"}]]

Out[ ]= {planets | above the horizon | 10:00 pm, Mercury | Mercury is below the horizon
        Venus | Venus is below the horizon
        Mars | Mars is above the horizon
        Jupiter | Jupiter is above the horizon
        Saturn | Saturn is below the horizon
        Uranus | Uranus is above the horizon
        Neptune | Neptune is above the horizon}
```

Übergeben wir dies an ChatGPT, dann generiert es ein schönes, essayartiges Ergebnis:

Revise your answer, incorporating this data:

{"planets | above the horizon | 10:00 pm",
"Mercury | Mercury is below the horizon
Venus | Venus is below the horizon
Mars | Mars is above the horizon
Jupiter | Jupiter is above the horizon
Saturn | Saturn is below the horizon

According to the information provided, at 10:00 PM, the planets that are above the horizon are Mars, Jupiter, Uranus, and Neptune. Mercury and Venus are below the horizon, and Saturn is also below the horizon. I should note that the visibility of planets can vary depending on your location and the time of year. I recommend using a planetarium app or website to get the most accurate and up-to-date information on which planets are visible from your location.

(Überarbeite deine Antwort und verwende dazu diese Daten:
{"Planeten|über dem Horizont|10 Uhr abends",
"Merkur|Merkur ist unter dem Horizont

Venus|Venus ist unter dem Horizont
Mars|Mars ist über dem Horizont
Jupiter|Jupiter ist über dem Horizont
Saturn|Saturn ist unter dem Horizont
Entsprechend den angegebenen Informationen handelt es sich bei den Planeten, die um 10 Uhr abends über dem Horizont sind, um Mars, Jupiter, Uranus und Neptun. Merkur und Venus sind unter dem Horizont und Saturn ist auch unter dem Horizont. Ich sollte noch anmerken, dass die Sichtbarkeit von Planeten je nach Ihrem Standort und der Jahreszeit variieren kann. Ich empfehle die Verwendung einer Planetariums-App oder -Website, um die genauesten und aktuellsten Informationen darüber zu erhalten, welche Planeten von Ihrem Standort aus sichtbar sind.)

Manchmal gibt es ein interessantes Wechselspiel zwischen dem Rechnerischen und dem Menschenähnlichen. Hier wird Wolfram|Alpha eine recht skurrile Frage gestellt, nämlich wie viele Kalorien in einem Kubiklichtjahr Eiscreme sind (und es prüft sogar, ob Sie vielleicht stattdessen Softeis – »soft-serve ice cream« – haben möchten):

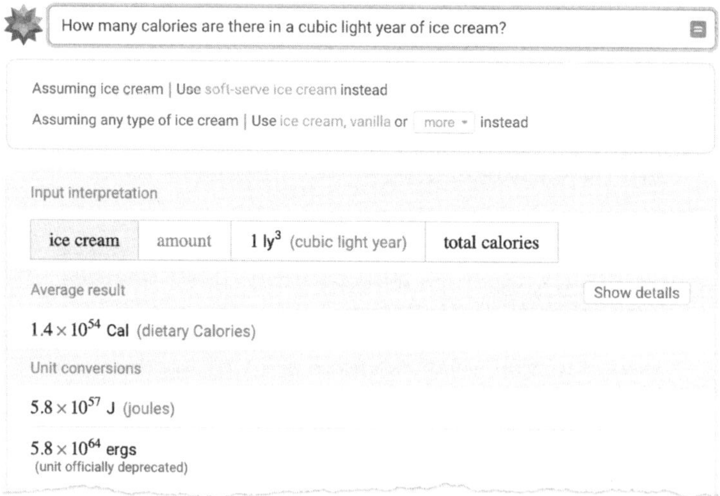

ChatGPT ist zunächst ein bisschen verwirrt aufgrund der Volumenangabe:

How many calories are in a cubic light year of ice cream?

I'm sorry, but it is not possible to have a cubic light year of anything, let alone ice cream. A light year is a unit of distance, not volume, and is equal to approximately 5.88 trillion miles. It is a measure of the distance that light can travel in one year. Therefore, it is not possible to have a cubic light year of any substance, including ice cream.

*(**Wie viele Kalorien sind in einem Kubiklichtjahr Eiscreme?***
Es tut mir leid, aber es ist nicht möglich, ein Kubiklichtjahr von irgendetwas zu haben, geschweige denn von Eiscreme. Ein Lichtjahr ist eine Einheit der Entfernung, kein Volumenmaß, und es beträgt ungefähr 5,88 Billionen Meilen. Es ist ein Maß für die Entfernung, die Licht in einem Jahr zurücklegen kann. Daher ist es nicht möglich, ein Kubiklichtjahr von irgendeiner Substanz zu haben, auch nicht von Eiscreme.)

Dann scheint es aber zu »erkennen«, dass so viel Eis irgendwie Quatsch ist:

A cubic light year is an extremely large unit of volume. In fact, it is so large that it is not possible to fit any known substance, including ice cream, into a volume of this size.

For reference, a light year is a unit of distance that is equal to the distance that light travels in one year. The distance that light travels in one year is approximately 5.88 trillion miles (9.46 trillion kilometers).

Given the size of a light year, it is clear that a cubic light year is an impossibly large unit of volume. Therefore, it is not possible to calculate the number of calories in a cubic light year of ice cream, as there is simply no way to fit that much ice cream into a single volume.

(Ein Kubiklichtjahr ist eine extrem große Volumeneinheit. Sie ist sogar so groß, dass keine bekannte Substanz, darunter auch Eiscreme, ein Volumen dieser Größe füllen könnte.
Zum Vergleich, ein Lichtjahr ist eine Entfernungseinheit, die der Entfernung entspricht, die Licht in einem Jahr zurücklegt. Die Entfernung, die

Licht in einem Jahr zurücklegt, beträgt ungefähr 5,88 Billionen Meilen (9,46 Billionen Kilometer).

Angesichts der Größe eines Lichtjahrs ist klar, dass ein Kubiklichtjahr eine unmöglich große Volumeneinheit ist. Daher ist es nicht möglich, die Anzahl der Kalorien in einem Kubiklichtjahr Eiscreme zu berechnen, da es einfach keine Möglichkeit gibt, so viel Eiscreme in ein einziges Volumen einzupassen.)

20

Der Weg nach vorn

Machine Learning ist ein mächtiges Werkzeug und hat besonders im Laufe des letzten Jahrzehnts einige bemerkenswerte Erfolge gefeiert – von denen ChatGPT einer der neuesten ist. Bilderkennung[1]. Sprache-zu-Text[2]. Übersetzungen[3]. In jedem dieser Fälle und in vielen weiteren mehr wurde eine Schwelle überschritten – meist ganz plötzlich. Und manche Aufgabe verwandelte sich von »im Prinzip unmöglich« in »im Prinzip machbar«.

Die Ergebnisse sind jedoch im Grunde genommen niemals »perfekt«. Manches funktioniert vielleicht in 95% der Fälle gut. Doch so sehr man sich auch bemüht, die restlichen 5% klappen einfach nicht. Für manche Zwecke könnte man das als Scheitern betrachten. Entscheidend ist jedoch, dass es oft alle möglichen wichtigen Anwendungsfälle gibt, für die 95% »gut genug« sind. Vielleicht liegt es daran, dass die Aufgabe etwas ist, für das es sowieso keine wirklich »richtige Antwort« gibt. Vielleicht versucht man aber auch einfach nur, Möglichkeiten herauszuarbeiten, die ein Mensch – oder ein systematischer Algorithmus – dann weiter verfeinert.

Es ist absolut bemerkenswert, dass ein neuronales Netz mit einigen hundert Milliarden Parametern, das tokenweise Text generiert, die Dinge bewerkstelligen kann, die ChatGPT uns zeigt. Angesichts dieses dramatischen – und unerwarteten – Erfolgs könnte man glauben, dass man einfach nur so weitermachen und »ein ausreichend großes Netz trainieren« müsste, um absolut alles damit zu schaffen. Das funktioniert so aber nicht. Grundlegende Fakten über Berechnungen – und vor allem das Konzept der rechnerischen Irreduzibilität[4] – machen klar, dass es letztlich nicht geht. Noch relevanter ist aber, was wir in der Vergangenheit des Machine Learnings gesehen haben. Es wird einen großen Durchbruch geben (wie ChatGPT).

---

1 https://reference.wolfram.com/language/ref/ImageIdentify.html

2 https://reference.wolfram.com/language/ref/SpeechRecognize.html

3 https://reference.wolfram.com/language/ref/TextTranslation.html

4 https://www.wolframscience.com/nks/chap-12--the-principle-of-computational-equivalence/#sect-12-6--computational-irreducibility

Und die Verbesserungen werden nicht aufhören. Viel wichtiger ist jedoch, dass Anwendungsfälle gefunden werden, die mit dem, was gemacht werden kann, erfolgreich funktionieren, und nicht von dem blockiert werden, was nicht geht.

Und ja, es wird eine Menge Fälle geben, in denen »das rohe ChatGPT« den Menschen beim Schreiben helfen, Vorschläge machen oder Text generieren kann, der für die unterschiedlichsten Dokumente oder Interaktionen nützlich ist. Geht es dagegen darum, etwas zu erhalten, das perfekt ist, dann ist Machine Learning nicht der richtige Weg – genauso wenig wie Menschen.

Das ist es auch, was wir in den gezeigten Beispielen erkennen. ChatGPT ist großartig bei den »menschenähnlichen Dingen«, wenn es keine exakt »richtige Antwort« gibt. Muss es dagegen etwas Exaktes abliefern, scheitert es häufig. Dabei gibt es eine hervorragende Möglichkeit, dieses Problem zu lösen – indem man ChatGPT mit Wolfram|Alpha und all seinen rechnerischen Wissens-»Superkräften« verbindet.

In Wolfram|Alpha wird alles in eine Computersprache und in exakten Wolfram-Language-Code umgewandelt, der auf einer gewissen Ebene »perfekt« sein muss, um zuverlässig einen Nutzen zu erbringen. Der entscheidende Punkt ist, dass ChatGPT dies nicht generieren muss. Es kann seine übliche natürliche Sprache ausgeben und dann kann Wolfram|Alpha seine Fähigkeiten zum Verstehen dieser natürlichen Sprache einsetzen, um diese ChatGPT-Ausgabe in eine exakte Wolfram-Language-Eingabe umzuwandeln.

In vielerlei Hinsicht könnte man behaupten, dass ChatGPT die Dinge niemals »wirklich versteht« – es »weiß einfach nur, wie man irgendetwas herstellt, das nützlich ist«. Anders ist es mit Wolfram|Alpha. Sobald Wolfram|Alpha nämlich etwas in die Wolfram Language umgewandelt hat, besitzt man eine vollständige, exakte, formelle Repräsentation[5], aus der man zuverlässig Dinge berechnen kann. Es ist natürlich unbenommen, dass es viele Dinge von »menschlichem Interesse« gibt, für die wir keine formellen algorithmischen Repräsentationen haben – obwohl wir dennoch in natürlicher Sprache über sie reden können, wenn auch wahrscheinlich ungenau. Für diese Dinge steht ChatGPT mit seinen sehr beeindruckenden Fähigkeiten für sich allein.

---

5 https://writings.stephenwolfram.com/2016/10/computational-law-symbolic-discourse-and-the-ai-constitution/

Genau wie wir Menschen braucht ChatGPT manchmal eine formellere und präzisere »Hilfe«. Es muss jedoch nicht »formell und präzise« sein, um zu sagen, was es möchte. Schließlich ist Wolfram|Alpha ja in der Lage, in ChatGPTs eigener Sprache mit ihm zu kommunizieren – in natürlicher Sprache. Und Wolfram|Alpha kümmert sich dann um die »Formalität und Präzision«, wenn es die natürliche Sprache in seine eigene Sprache – Wolfram Language – umwandelt. Das ist eine sehr gute Ausgangssituation, die meiner Meinung nach ein großes praktisches Potenzial birgt.

Und dieses Potenzial bewegt sich nicht nur auf dem Niveau des typischen Chatbots oder der Anwendungen zur Textgenerierung. Es erstreckt sich auch auf Dinge wie Data Science oder andere Formen von Berechnungsaufgaben (oder Programmierung). In gewisser Weise ist das ein direkter Weg, um das Beste aus beiden Welten zu erhalten: der menschenähnlichen Welt von ChatGPT und der rechenbasierten, präzisen Welt von Wolfram Language.

Könnte ChatGPT Wolfram Language direkt lernen? Ja, das könnte es, und tatsächlich hat es damit bereits begonnen. Ich gehe davon aus, dass etwas wie ChatGPT am Ende in der Lage ist, direkt mit Wolfram Language zu arbeiten[6] und dabei sehr leistungsfähig sein wird. Das ist eine interessante und einmalige Situation, ermöglicht durch die Tatsache, dass Wolfram Language eine vollständige Computersprache ist, die in Computerbegriffen umfassend über die Dinge in der Welt und anderswo beschreiben kann.

Das ganze Konzept von Wolfram Language besteht darin, Dinge zu nehmen, über die wir Menschen nachdenken, und sie quasi algorithmisch zu repräsentieren und zu verarbeiten. Normale Programmiersprachen dienen dazu, Wege zu eröffnen, um Computern genau zu sagen, was sie tun sollen. Bei der Wolfram Language – in ihrer Rolle als vollständige Computersprache[7] – geht es um mehr als das. Im Prinzip ist sie als eine Sprache gedacht, in der sowohl Menschen als auch Computer »rechenbasiert denken« können.

Als vor vielen Jahrhunderten die mathematische Notation erfunden wurde, bot sie zum ersten Mal ein rationelles Medium, in dem man »mathe-

6 https://writings.stephenwolfram.com/2015/11/how-should-we-talk-to-ais/

7 https://writings.stephenwolfram.com/2019/05/what-weve-built-is-a-computational-language-and-thats-very-important/

matisch über Dinge nachdenken konnte«. Ihre Erfindung führte zu Algebra und Analysis und schließlich zu all den verschiedenen mathematischen Wissenschaftszweigen. Ziel der Wolfram Language ist es, Vergleichbares für das rechenbasierte Denken zu erreichen, und das nicht nur für Menschen – und damit alle bisher unzugänglichen Bereiche zugänglich zu machen, die durch das rechnerische Paradigma eröffnet werden.

Ich selbst habe sehr davon profitiert, Wolfram Language als eine »Sprache zu haben, um damit zu denken«. Es ist wunderbar zu sehen, dass im Laufe der vergangenen Jahrzehnte so viele Fortschritte gemacht wurden, weil Menschen durch das Medium Wolfram Language »in rechnerischen Begriffen denken konnten«. Was ist mit ChatGPT? Nun, es kann auch mitmachen. Wie das alles am Ende ausgehen wird, ist mir noch nicht ganz klar. Es geht aber auf jeden Fall nicht darum, dass ChatGPT lernt, die Berechnungen auszuführen, die die Wolfram Language bereits beherrscht. Es geht darum, dass ChatGPT lernt, die Wolfram Language genau so zu benutzen, wie die Menschen es tun. Es geht darum, dass ChatGPT eine Entsprechung zu seinen »kreativen Essays« findet, allerdings nicht in der natürlichen Sprache geschrieben, sondern in der Computersprache.

Ich diskutiere schon seit Langem das Konzept von rechnerischen Essays[8], die von Menschen geschrieben werden – die in einer Mischung aus natürlicher Sprache und Computersprache kommunizieren. Jetzt ist die Frage, ob ChatGPT in der Lage ist, diese Essays zu schreiben – und in der Lage ist, die Wolfram Language als ein Werkzeug zu verwenden, um eine »sinnvolle Kommunikation« abzuliefern, und zwar nicht nur mit Menschen, sondern auch mit Computern. Und ja, es gibt eine potenziell interessante Feedback-Schleife, die das tatsächliche Ausführen des Wolfram-Language-Codes beinhaltet. Entscheidend ist, dass der Reichtum und der Fluss von »Ideen«, die durch den Wolfram-Language-Code repräsentiert werden – anders als in einer normalen Programmiersprache –, viel näher an dem sind, was ChatGPT auf »magische Weise« mit der natürlichen Sprache geschafft hat.

Oder anders ausgedrückt: Die Wolfram Language ist – genau wie die natürliche Sprache – ausdrucksstark genug, sodass man sich vorstellen kann, eine sinn- und bedeutungsvolle »Eingabe« für ChatGPT darin zu schreiben. Wolfram Language kann direkt auf einem Computer ausgeführt

8 https://writings.stephenwolfram.com/2017/11/what-is-a-computational-essay/

werden. Als ChatGPT-Eingabe kann man damit »eine Idee ausdrücken«, deren »Geschichte« fortgesetzt werden könnte. Damit könnte eine rechnerische Struktur beschrieben werden, wodurch es ChatGPT ermöglicht wird, »weiterzuspinnen«, was man rechnerisch über diese Struktur sagen könnte[9], das – zumindest nach dem, was es beim Lesen so vieler Dinge gelernt hat, die von Menschen geschrieben wurden – »für Menschen interessant« wäre.

Der unerwartete Erfolg von ChatGPT eröffnet plötzlich unglaublich viele aufregende Möglichkeiten. Im Moment gibt es die unmittelbare Chance, ChatGPT Zugang zu den rechnerischen Wissens-Superkräften von Wolfram|Alpha zu gewähren. Damit kann es dann nicht nur »plausible menschenähnliche Ausgaben« erzeugen, sondern Ausgaben, die die ganze Breite an Rechenstärke und Wissen ausnutzen, die in Wolfram|Alpha und der Wolfram Language enthalten sind.

9 https://writings.stephenwolfram.com/2021/11/the-concept-of-the-ruliad/

Weitere Ressourcen[1]

»What Is ChatGPT Doing … and Why Does It Work?«
Englische Online-Version mit ausführbarem Code
https://wolfr.am/SW-ChatGPT

»Machine Learning for Middle Schoolers« (von Stephen Wolfram)
Eine kurze Einführung in die Grundkonzepte des Machine Learnings
https://wolfr.am/ML-for-middle-schoolers

Introduction to Machine Learning (von Etienne Bernard)
Eine Einführung in das moderne Machine Learning mit ausführbarem Code (in Buchlänge)
gedruckt: *https://wolfr.am/IML-book*; online: *https://wolfr.am/IML*

Wolfram Machine Learning
Machine-Learning-Fähigkeiten in der Wolfram Language
https://wolfr.am/core-ML

Machine Learning at Wolfram U
Interaktive Klassen und Kurse zum Machine Learning auf verschiedenen Anforderungsniveaus
https://wolfr.am/ML-courses

»How Should We Talk to AIs?« (von Stephen Wolfram)
Ein kurzer Essay von 2015 über die Kommunikation mit KIs in natürlicher Sprache und Computersprache
https://wolfr.am/talk-AI

Die Wolfram Language
https://wolfram.com/language

Wolfram|Alpha
https://wolframalpha.com

1 Alle Ressourcen stehen nur in englischer Sprache zur Verfügung

Online-Link für alle Ressourcen:
https://wolfr.am/ChatGPT-resources

Stichwortverzeichnis

I

K

L

M

N

O

P

R

S

T

U

V

W

Z